Sigmund Reichenberger

Die Entwicklung des metonymischen Gebrauchs von Götternamen in der griechischen Poesie

Bis zum Ende des alexandrinischen Zeitalters

Sigmund Reichenberger

Die Entwicklung des metonymischen Gebrauchs von Götternamen in der griechischen Poesie
Bis zum Ende des alexandrinischen Zeitalters

ISBN/EAN: 9783743620339

Hergestellt in Europa, USA, Kanada, Australien, Japan

Cover: Foto ©ninafisch / pixelio.de

Manufactured and distributed by brebook publishing software
(www.brebook.com)

Sigmund Reichenberger

Die Entwicklung des metonymischen Gebrauchs von Götternamen in der griechischen Poesie

DIE ENTWICKLUNG DES METONYMISCHEN GEBRAUCHS VON GÖTTERNAMEN

IN DER

GRIECHISCHEN POESIE

BIS ZUM ENDE DES ALEXANDRINISCHEN ZEITALTERS.

INAUGURALDISSERTATION

ZUR ERLANGUNG DER DOKTORWÜRDE
DER
PHILOSOPHISCHEN FACULTÄT DER UNIVERSITÄT HEIDELBERG

VORGELEGT VON

SIGMUND REICHENBERGER.

KARLSRUHE.
DRUCK UND VERLAG DER G. BRAUN'SCHEN HOFBUCHHANDLUNG.
1891.

Meiner lieben Mutter
gewidmet.

INHALT.

	Seite.
Einleitung	1
Der metonymische Gebrauch von Götternamen während der Blütezeit der griechischen Poesie	10
Homer und die homerischen Hymnen	10
Homerische Epigramme	31
Fragmente der Epiker	32
Hesiod	33
Das philosophische Lehrgedicht (Empedokles)	35
Orakelverse	36
Die voralexandrinischen Lyriker (ausser Pindar)	37
Pindar	45
Die Tragiker	55
Aeschylus	55
Sophokles	62
Euripides	70
Die Reste der übrigen Tragiker	88
Der metonymische Gebrauch von Götternamen in der alexandrinischen Poesie	90
Rückblick	113
Tabellarische Übersicht	116
Register	117
Vita scriptoris	119

Jedermann kennt bei den alten Autoren die sprachliche Erscheinung, dass der Name eines göttlichen Wesens gesetzt wird, um den Gegenstand zu bezeichnen, mit dem die religiöse Vorstellung der Alten dasselbe in Verbindung bringt, indem sie glaubt, dass der Gott jenen Gegenstand hervorbringe oder ihn beherrsche. Jedermann weiss, dass so Ἄρης und *Mars*, Κύπρις und *Venus*, Βάκχος und *Liber*, Δημήτηρ und *Ceres* genannt werden, um Krieg, Liebe, Wein, Getreide zu bezeichnen.*

Die Schulrhetorik rechnet diese Ausdrucksweise unter die Tropen, speziell zur Metonymie, und zwar wird diese Art der Metonymie bei den griechischen Autoren περὶ τρόπων (Spengel *rhet. gr.* III 189 ff.) in erster Reihe berücksichtigt und scheint ihnen geradezu als Typus der Metonymie zu gelten; Tryphon wenigstens (p. 195) erwähnt überhaupt nur diese Art.

Vornehmlich hat nun dieser Gebrauch der Götternamen seine Stelle in der Poesie** und hat dort eine lange Ent-

---

* Der Gebrauch dieser Ausdrucksweise scheint eine Eigentümlichkeit der klassischen Sprachen zu sein. In der Natur der Sache liegt es, dass die Redeweise nur auf dem Boden einer polytheistischen Religion erwachsen kann. Trotzdem scheint auch der heidnischen (altnordischen und angelsächsischen) Poesie der Germanen dieser Gebrauch fremd zu sein. In den modernen Sprachen ist durch Einwirkung der Antike der Gebrauch antiker Götternamen für Gegenstände eingeführt. Cervantes lässt den Don Quijote B. I cap. 2 (Übs. von Tieck) sagen: »*Der feuerrote Apollo hatte kaum die güldenen Fäden seines Haupthaares über das Angesicht der weitstreckigen Erde verbreitet*«. Schiller sagt im eleusischen Fest: »*In der Ströme klarem Spiegel Lacht der unbewölkte Zeus*«. Ganz gewöhnlich reden wir von der Muse eines Dichters und meinen damit seine Art zu dichten; ebenso reden wir von »heimischen Penaten«.

** Doch ist er der Prosa, ja der Umgangssprache nicht fremd; μοῦσα, κύπρις sind nicht selten, *venus* gewöhnlich. Beispiele aus Cicero

wicklung durchgemacht. Und zwar in verschiedener Hinsicht. Erstens erweitert sich der Kreis der metonymischen Bedeutungen des einzelnen Namens stetig. So werden wir sehen, dass Ἄρης bei Homer nur den Kampf, den Krieg bedeutet, bald auch für »Waffen«, noch später für »Heeresmacht« gesetzt wird. Zweitens werden die Namen der einzelnen Götter auch bei metonymischem Gebrauch verschiedentlich variiert: für Ἀφροδίτη zum Beispiel wird auch bei metonymischem Gebrauch von den Tragikern an Κύπρις vorgezogen, während in ganz später Zeit gar Παφίη metonymisch gebraucht wird, eine noch ausgesuchtere Redeweise ist es, wenn Catull 36,7 *tardipes deus* sagt um das Feuer zu bezeichnen. Oder es wird statt des Namens das Patronymikum gesetzt, wie Ὑπεριονίδης für Ἥλιος. In allen diesen Fällen liegt der Tropus der Antonomasie mit der Metonymie verbunden vor. Drittens endlich werden mit der Zeit immer mehr Götternamen in den Kreis des metonymischen Gebrauchs gezogen.

Eine Hauptthatsache in der Entwicklungsgeschichte unseres Tropus steht jedenfalls von vornherein fest: bei den Römern ist der metonymische Gebrauch von Götternamen ein weit ausgedehnterer als bei den Griechen: erst bei jenen wurde er ein wichtiges Requisit zum Schmuck der poetischen Rede. Sie müssen eigentümlich viel Gefallen an dieser Redeweise gefunden haben. Bei den Römern findet man viel zahlreichere und kühnere Bildungen, die freilich zu oft einem verkehrten Geschmack entspringen. Es war ursprünglich meine Absicht, den Verzweigungen dieser Redeweise bei den römischen Dichtern nachzugehen. Aber es zeigte sich, dass diese nicht zu verstehen sind, wenn man nicht den Gebrauch in seine ersten Anfänge hinauf verfolgt, nicht zu verstehen sind ohne Erforschung der Entwicklung, die der Gebrauch bei den Griechen genommen hat.

Ich habe mir denn zur Aufgabe gemacht, die Entwicklung des metonymischen Gebrauchs von Götternamen zunächst

---

bei Straub *de tropis et figuris... Demosthenis et Ciceronis.* Würzb. 1883, p. 17. Quintil. 8, 6, 24: *refert autem in quantum hic tropus oratorem sequatur.* »*Volcanum*« *pro igne vulgo audimus, et* »*vario Marte pugnatum*« *eruditus sermo est, et* »*Venerem*« *quam coitum dixisse magis decet.*

bei den griechischen Dichtern, soweit es möglich ist, Schritt für Schritt zu verfolgen und die Eigentümlichkeiten der einzelnen Dichter darin festzustellen. Aus äusseren Gründen war vorerst eine Beschränkung auf die Dichtung bis zum Ende der alexandrinischen Periode, also bis zum Beginn der Kaiserzeit, geboten. Und auch innerhalb dieser Grenzen wurde von einer Betrachtung der Komiker zunächst abgesehen, deren Stil sich mehr dem *sermo pedestris* nähert, und deren Untersuchung daher weniger Ausbeute versprach. Freilich wird das Urteil erschwert durch die trümmerhafte und zufällige Erhaltung der Schriftwerke der Griechen; die wichtige Zeit von Homer bis ins 5. Jahrhundert ist uns ja nur mangelhaft bekannt, während sich bei den Römern die Poesie der Blütezeit einigermassen stetig verfolgen lässt.

An Vorarbeiten giebt es nur sehr wenig von Belang. Eine Schrift, die einen Dichter oder eine Gruppe von Dichtern auf unsern Gegenstand hin konsequent und erschöpfend untersuchte, wie es für römische Dichter von Hansen *(de Tibulli tropis et figuris*, Kiel 1881), Braumüller (Tropen und Figuren in Virgils Äneis, Berl. 1877, 1882), Gebbing *(de Valerii Flacci trop. et figuris*, Marburg 1878) und Anderen geschehen ist, ist mir nicht bekannt. Von den vielen Schriften über Tropen geht keine auf unseren Gegenstand näher ein. Auch Pecz, die Tropen der Tragiker, im 3. Band der Berliner Studien, 1886, giebt keine vollständigen Zusammenstellungen, sondern will — wenn ich ihn recht verstehe — Typen der einzelnen Arten und Unterarten der Tropen geben, die natürlich nach subjektivem Geschmack gewählt sind. Sein Hauptzweck ist, das Verhältnis der Synekdoche, Metonymie und der sogenannten Proportionstropen bei den drei Tragikern zu bestimmen und seine Schlüsse daran anzuknüpfen. Der Einzige, der sich mit dem Gegenstand um des Gegenstands willen beschäftigt hat, ist Moriz Haupt, *opusc.* II 74; 167—174, wo manches Wertvolle gesammelt ist und manche gute Einzelbemerkung sich findet; doch war es Haupt nicht um planmässige Sammlungen und deren Verwertung zu thun. Haupt ist es auch, der dem Bedürfnis nach einer Untersuchung des Gebrauchs der metonymischen Sprechweise bei den Alten Ausdruck gegeben hát. Weniger in Betracht kommt Lobeck, *de metaphora et de metonymia*, Königsb. Progr. 1864 (von Friedländer nach Lobecks Vorlesungen herausgegeben), wo unter den verschiedenen Arten der Metonymie auch die unsere aufgeführt und mit einigen Beispielen erläutert ist. Von Speziallexika bietet das homerische von Ebeling wertvolles Material; ebenso das *lexicon Sophocleum* von Ellendt, wo die sorgfältig gesammelten Stellen mit besonnenem Urteil behandelt sind, was sich von Rumpels *lexicon Pindaricum* nicht immer sagen lässt. Dindorfs *lexicon Aeschyleum* sammelt bloss die Stellen, ohne sie zu sichten.

Für römische Dichter steht ausser den oben angeführten Schriften einiges bei C. G. Jacob, *quaestiones epicae*, p. 12—16. Der Gebrauch der Metonymie bei den Römern überhaupt ist Gegenstand der Schrift von Wannowski, *metonymiae ratio e scriptoribus latinis explicata*, Posen 1860. Doch lässt er von unsrer Gattung das Gewöhnliche ganz beiseite und notiert nur p. 25 f. einige ganz seltene und entlegene Fälle. Ein mit dem unsrigen verwandtes Thema ist von Friedländer kurz behandelt, der in der Sittengeschichte I[6] 575 einiges über den Gebrauch homerischer Personennamen für Appellativa bei römischen Dichtern zusammengestellt hat.

Im Folgenden werden wir den Zusammenhang mit den übrigen Erscheinungsformen der Metonymie ganz ausser Acht lassen*; daher können wir auch absehen von den Äusserungen der alten Rhetoren und Grammatiker, denen gerade die Klassifikation der Arten und Abarten der Tropen Hauptsache ist, zumal die Lehren derselben schon zusammengestellt und besprochen sind von Gerber, die Sprache als Kunst II 53 ff. und in den Dissertationen von Radtke, Dannehl, Straub**.

---

* Dass die Frage nach der Entwicklung der übrigen Gattungen der Metonymie eine vergebliche wäre, hebt auch Lobeck z. Aias p. 73 hervor, indem er von einer besonderen Gattung von Metonymieen redet: *per quos gradus a lenibus principiis huc usque provecta sit transferendi audacia, quaerimus incassum.*

** Radtke, *de tropis tragicorum*, Berlin 1864; Dannehl, *de tropis I*, Halle 1868; Straub a. a. O.

Dagegen müssen wir die Metonymie beim Gebrauch von Götternamen im Zusammenhang mit einer anderen Redeweise betrachten, welche nach der Lehre der Schulrhetorik gar nichts mit jener zu thun hat.

μετωνυμία heisst Umnennung. Man kann von einer solchen nur reden, wenn ein Gegenstand durch ein Wort bezeichnet wird, das in eigentlichem Gebrauch einen anderen Gegenstand bezeichnet. Den Namen eines Gottes metonymisch zu setzen für das Objekt, das der Macht dieses Gottes unterworfen ist, ist demnach nur möglich, wenn der Name des Gottes von der gewöhnlichen Bezeichnung des Gegenstandes verschieden ist.

Nun giebt es aber neben den Göttern, bei deren Namen dies der Fall ist, eine zweite grosse Klasse von Göttern, deren Name mit dem des Gegenstands, über den sie walten, sich deckt*. Solche sind Ἥλιος, Ἠώς, Σελήνη, Οὐρανός, Γαῖα, die Windgötter, fast alle Ortsgottheiten (Flussgötter, Berg- und Quellnymphen, Eponyme der Länder und Städte) und viele andere. Zu dieser Klasse gehören auch die Personifikationen, mögen sie nun durch die Dichter zu einer gewissen Persönlichkeit herausgebildet sein, wie Ὕπνος, Ἔρις, Δίκη oder später Ὑγίεια, oder nur vorübergehend vom Dichter zu einem

---

* Einen Unterschied machen wir nur in der Schreibung der Anfangsbuchstaben, aber oft genug kann ebensogut die Sache wie die Gottheit gemeint sein, wie in ἀκτὶς Ἀελίου oder ἀελίου. Es werden uns eine Reihe solcher Fälle begegnen; im Prinzip wird man sich der Auffassung zuwenden, die das Persönliche mehr hervorkehrt, und somit die Auffassung eines solchen Worts als Eigennamen vorziehen. Entsprechend haben auch bei den mit der Bezeichnung des Gegenstands nicht gleichlautenden Götternamen einzelne Herausgeber eine äusserliche Scheidung des eigentlichen und des metonymischen Gebrauchs angestrebt, indem sie bei metonymischem Gebrauch ἄρης, ἥφαιστος, ἀφροδίτη schreiben. Dass die Analogie der Scheidung von Οὐρανός und οὐρανός, von Ἥλιος und ἥλιος keine schlagende ist, geht, glaube ich, aus unserer Betrachtung hervor. Die obigen Wörter bleiben auch bei metonymischem Gebrauch Eigennamen, und Eigennamen schreibt man gross. Ihre Berechtigung hat diese Schreibweise nur, wo das Wort gar nicht mehr als Metonymie gefühlt wird, wie im Lateinischen *Venus*. Vgl. Spitzner zu Il. P 210.

bestimmten poetischen Zweck geschaffen sein, wie Λιταί, Ὕβρις, Αἰδώς, Ἀλήθεια, Ἁρμονία.

Es leuchtet ein, dass bei dieser Klasse von göttlichen Wesen metonymischer Gebrauch des Namens nicht stattfinden kann.

Während die Mischung der Vorstellungen von der Gottheit und dem ihr unterworfenen Gegenstande bei metonymischem Gebrauch von Namen wie Ἄρης in einem einzigen Worte zum Ausdruck gelangt, kann sie sich hier nur in mehreren Worten, im Verlauf der Rede aussprechen*. Beispiele werden dies klar machen. Memnon heisst bei Homer Ἠοῦς φαεινῆς ἀγλαὸς υἱός. Von der Göttin Eos ist hier die Rede, daneben aber spricht sich die Vorstellung von der Morgenröte aus, indem das Epitheton φαεινός, das dieser zukommt, der Göttin beigelegt wird. Dies ist bei der engen Verbindung, in der bei Homer Eos und Morgenröte stehen, ganz natürlich. Ähnlich nennt Hesiod den Gott Uranos öfters Οὐρανὸς ἀστερόεις und Οὐρανὸς εὐρύς. Dasselbe ist der Fall, wenn bei Homer der Flussgott Ἀξιός als εὐρυρέεθρος bezeichnet wird. Während hier die Vorstellung von dem Gotte die Grundvorstellung ist, zu der die von dem Gegenstande sekundär hinzutritt, kommt es andererseits vor, dass von dem Gegenstande die Rede ist, wobei dann die Vorstellung von dem Gotte mit unterläuft. So bei Homer: πόρον ἷξον εὐρρεῖος ποταμοῖο Ξάνθου δινήεντος, ὃν ἀθάνατος τέκετο Ζεύς.

Seltener kommt dies auch vor bei Götternamen der von uns zuerst charakterisierten Klasse, wenn Amphitrite ἀγάστονος heisst, oder wenn ein alexandrinischer Epigrammatiker den

---

* Wenn der entscheidende Name allein dasteht, etwa Ἥλιος, Γῆ, so zweifeln wir freilich oft, ob der Gott oder das Objekt gemeint sei; sehr oft hat sich der Dichter selbst es nicht klar gemacht und er braucht es sich auch gar nicht klar machen; nur wir, die wir in unserer Sprache den Gott und den Gegenstand auf verschiedene Weise bezeichnen, möchten wissen, welches von beiden der griechische Dichter hauptsächlich hat ausdrücken wollen. Ὠκεανοῖο ῥέεθρα oder φάος Ἡελίοιο sind solche Fälle, in denen wir uns begnügen müssen zu konstatieren, dass die Bedeutung zwischen beiden schwankt, und wir müssen uns hüten, in solchen Fällen schematisieren zu wollen.

Gott Bakchos ἄκρητος δαίμων nennt; gekünstelt ist es, wenn Lykophron Κύπριδος ληστὴς θεᾶς sagt, anstatt einfach K. ληστής (raptor veneris). Dies zeigt zugleich wie eng verwandt diese Redeweise mit dem metonymischen Gebrauch der Götternamen ist*.

Das zeigt sich aber auch in einem anderen Umstand. Man braucht nur statt des mit der Bezeichnung des Gegenstandes identischen Götternamens einen Beinamen (etwa das Patronymikum) des Gottes zu setzen, um den Thatbestand der Metonymie zu erhalten. Hierher gehört es, wenn man die Sonne mit Ὑπεριονίδης bezeichnet; wenn man anstatt: παρὰ Νεμέᾳ sagt: παρ' Ἀσώπου γενετείρῃ, bei der Tochter des Asopos, was eine Bezeichnung der Stadtnymphe ist; oder wenn Lykophron statt des Erdteils Asia v. 1412 sagt: ἠπιμηθέως τοκάς.

Die Rhetorik kennt diese Redeweise gar nicht und in der That ist sie kein bewusstes Mittel zur Erreichung irgend eines Effekts. Vielmehr strömt sie dem Dichter von selbst zu aus der Vorstellung, die jene Gottheiten stets in engster Verbindung mit dem in ihrer Hand stehenden Objekt sieht. Es ist gewissermassen eine sprachliche Nachlässigkeit: der Dichter

---

* Dieser Vorgang ergiebt sich ursprünglich ohne Absicht von selbst und kommt auch in Prosa vor. Beispiele bei Fritzsche *quaest. Lucian.* p. 4, wozu man noch Aelian *h. a. XI 22* fügen mag ἄυπνος τε καὶ ἄμοιρος τούτου τοῦ θεοῦ. Und Plut. *conv. VII sapient. c. 14 p. 157 a* τὴν Σελήνην δεῖσθαι τῆς ἑαυτῆς μητρὸς ὅπως αὐτῇ χιτώνιον ὑφήνῃ σύμμετρον. τὴν δ' εἰπεῖν· καὶ πῶς σύμμετρον ὑφήνω; νῦν μὲν γὰρ ὁρῶ σε πανσέληνον, αὖθις δὲ μηνοειδῆ, τότε δ' ἀμφίκυρτον. Apuleius *met. VI 6 cedunt nubes et caelum filiae* (der Venus) *panditur et summus aether cum gaudio excipit deam.* Auch in die deutsche Dichtung ist dieser Gebrauch, in Nachahmung der Antike, übergegangen. Lessings Gedicht an den Horaz ist pedantische Nachahmung des Anakreon und des Horaz: »*Horaz, wenn ich mein Mädchen küsse, Entflammt von unserm Gott, dem Wein*«, und weiter unten heisst es: »*Die Göttin, durch die Laura küsst, Wie sie sich Amathunts entschlagen Und ganz in mich gestürzet ist*«. Man nehme dagegen die Schlussverse von Schillers Hero und Leander: »*Hoch in seinen Flutenreichen Wälzt der Gott die heilgen Leichen, Und er selber ist ihr Grab. Und mit seinem Raub zufrieden Zieht er freudig fort und giesst Aus der unerschöpften Urne Seinen Strom, der ewig fliesst.*«

giebt sich nicht die Mühe, Gottheit und Gegenstand im Satze zu scheiden. Später allerdings wird der Gebrauch manchmal zur Manier: die beiden angeführten Stellen des Lykophron sind von dieser Art.

Es ist das Verdienst von Haupt, in der erwähnten Abhandlung die enge Beziehung dieser Art zu reden mit dem metonymischen Gebrauch von Götternamen hervorgehoben zu haben. Wir werden dies Gebiet daher auch in die Betrachtung hineinziehen. Aber da Vollständigkeit der Behandlung zu weit vom Gegenstande abziehen würde — strenggenommen müsste jede Personifikation herangezogen werden, was uns doch vom Gegenstand ganz abführen würde —, so werden wir immer nur die wichtigeren Beispiele dieses Gebrauchs anführen. Nur der homerische Sprachgebrauch in diesem Punkte soll vollständig besprochen werden.

Das Gegenstück zum metonymischen Gebrauch des Namens eines Gottes für den diesem unterworfenen Gegenstand bildet der Gebrauch, mit dem Namen des Gegenstands den Gott zu bezeichnen. Das Beispiel des Tryphon dafür lautet: Οἶνος für Διόνυσος. Doch ist diese umgekehrte Metonymie lediglich ein Produkt der Manier, eine bewusste Künstelei, von der sich der gesunde Sinn der Griechen im allgemeinen fern gehalten hat. So ist denn diese Geschmacklosigkeit in der von uns zu betrachtenden Periode nur ein- oder zweimal zu belegen, bei Lykophron, der v. 144 Ἅλς sagt, um die Meergöttin Tethys zu bezeichnen. Wahrscheinlich ist auch in dem Dithyrambus des Jon von Chios *fr.* 9 Οἶνος vom Gott Dionysos zu verstehen; vgl. unten S. 44 f.

Dies also sind die verschiedenen Formen, in denen die Verbindung zum Ausdruck kommt, in der die Phantasie des Dichters die Gestalt des Gottes mit dem von ihm abhängigen Gegenstande sieht. Welche Götternamen aber werden so im metonymischen Sinn angewandt? Nicht alle. Es gilt im allgemeinen der Satz, dass ursprünglich der Name eines Gottes nur für dasjenige Objekt gesetzt wird, das ganz vorzugsweise von diesem Gotte abhängig gedacht wird. Zweitens werden ganz begreiflicher Weise nur solche Begriffe durch Götternamen ausgedrückt, die eine gewisse Bedeutung für poetische

Stoffe haben und oft poetisch verwendet werden. So sagt Homer Ἄρης für Schlacht, Ἀφροδίτη für Liebesgenuss, Ἥφαιστος für Feuer, Μοῦσα für Gesang. So finden wir auch bald Ἅιδης für das Totenreich und für den Tod, Δημήτηρ für Getreide und Βάκχος für Wein: lauter Namen von Göttern, deren Wirksamkeit sich ganz vorzugsweise auf diese Gegenstände erstreckt; und die Gegenstände sind lauter solche, die in der Poesie öfter vorkommen*. Einige Gottheiten giebt es nun, die keinen so scharf umgrenzten Wirkungskreis haben: Apollon, Hermes, Hera, Athena, Artemis. Diese Namen wurden daher gar nie oder erst spät zur Bezeichnung eines Gegenstands verwendet: Hera, Artemis, Hermes soweit ich weiss nie, Apollon bei den Griechen nie, bei den Römern *Auson. epigr.* I 7 (Haupt p. 169)**; *Pallas* ist bei den Römern ein nicht ungewöhnlicher Ausdruck für Öl und für weibliche Handarbeit; in der griechischen Poesie ist mir nur eine Stelle bekannt, ein Rätsel *(A. P. XIV 53)*, wo der Name für Öl steht***. Diese Verwendung des Namens Pallas ist ein Produkt gelehrter

---

* Dass Ποσειδῶν in metonymischem Sinne sich nirgends findet, ist wohl dem Zufall der Überlieferung zuzuschreiben. Die Römer gebrauchen *Neptunus* sehr gern metonymisch, und das Vorbild darin werden wohl die Alexandriner gewesen sein.

** Keine Metonymie liegt vor in den dunklen Versen des Heraklitenes Skythinos bei Bergk *P. L. G.* II p. 507: Τὴν λύρην ἁρμόζεται Ζηνὸς εὐειδὴς Ἀπόλλων, πᾶσαν ἀρχὴν καὶ τέλος | συλλαβών. Ἔχει δὲ λαμπρὸν πλῆκτρον ἡλίου φάος. Man erklärt λύρη als den Kosmos, und unter Ἀπόλλων ist das Feuer zu verstehen; das ganze ist eine Allegorie; wenn unter Ἀπόλλων das Feuer verstanden wird, so ist das keine allgemeine volksmässige Anschauung, sondern der Philosoph sucht den von ihm angenommenen Grundstoff, das Feuer, zu bezeichnen mit dem Namen einer Gottheit der Volksreligion. — Ebensowenig beruht auf einer allgemeinen populären Vorstellung die rein gelehrte Allegorie in den Anfangsversen des ᾠὸν χελιδόνος des Simias *(A. P.* XV 27; Haeberlin *carm. fig.* p. 71) τὸ μὲν θεῶν ἐριβοᾶς Ἑρμᾶς ἔκιξε (εὗρε *Schol.*) κάρυξ | φῦλ' ἐς βροτῶν ὑπὸ φίλας ἑλὼν πτεροῖσι ματρὸς etc. ὁ μεγαλοφωνότατος θεῶν Ἑρμῆς, erklärt des Scholion, ἤγουν ὁ λόγος. Er will sagen, dass dies Ei aus Worten bestehe.

*** Der altgriechische γρῖφος besteht gänzlich in Umschreibungen des gesuchten Gegenstands, nicht, wie unsere Rätsel meistens, in Beschreibung seiner Eigenschaften. So greift man denn gern zur metonymischen Bezeichnung des Gegenstands und häufig sehen wir so in

Dichtung; es mag sein, dass nach Analogie des metonymischen Gebrauchs von Βάκχος auch für Öl eine metonymische Bezeichnung gesucht wurde. War dann der Name der Pallas einmal metonymisch verwendet, so liess er sich bald auch für weibliche Arbeit anwenden.

'Ασκληπιός wird nicht metonymisch gebraucht, da die Begriffe »Gesundheit«, »Heilung«, »Arznei«, zu deren Bezeichnung man diesen Namen hätte verwenden können, in der Poesie nicht häufig vorkommen.

Ἶρις wird metonymisch nicht gebraucht; dagegen wird die Göttin späterhin mit dem im Griechischen durch den gleichen Namen bezeichneten Regenbogen identifiziert: Ovid met. I 270 *nuntia Junonis varios induta colores Iris.*

Später schuf man Metonymieen, welche jenen oben ausgesprochenen Forderungen nicht mehr entsprachen. Νύμφαι brauchen nicht gerade Quellnymphen zu sein; doch wurde dieser Name verwendet, um Wasser, genauer Trinkwasser, zu bezeichnen; man verfiel wohl darauf, weil der bestehende Gebrauch von Δημήτηρ und Βάκχος für Brod und Wein eine analoge Bezeichnung für Wasser zum Bedürfnis machte. Auch dass Ζεύς für den Himmel gesetzt wird, mag der Analogiewirkung zugeschrieben werden; nach 'Αίδης mag es gebildet sein.

Andererseits entspringt es wieder dem Streben nach Neuheit und gelehrtem Prunk, wenn untergeordnete Gottheiten (Νηρεύς, Θέτις u. a.) zur Bezeichnung des Meeres ihre Namen geben müssen, wenn Ἐννώ für Krieg, Τιτώ für Tag gesagt wird, Neuerungen, die von den alexandrinischen Dichtern ausgegangen sind.

Rätseln Götternamen metonymisch verwendet. Natürlich werden daher die Grenzen, die sonst der metonymischen Ausdrucksweise gesetzt sind, weit überschritten. Als Typus mag das oben zitierte Rätsel ganz hier stehen: 'Ηφαίστῳ ποτὲ Παλλὰς (Öl) *ἐν ἀγκοίνῃσι μιγεῖσα εἰς εὐνὴν ἐκλίθη Πηλέος ἐν θαλάμοις* (d. h. *ἐν ἐλλυχνίῳ πηλίνῳ*). | *Τοὶ δ' ὡς οὖν λιπαρῇσι καλυφθήτην ὀθόνῃσιν,* | *αὐτίκ' ἐγεννήθη νυκτιπόλος Φαέθων* (Das Licht der Lampe). *A. P.* XIV 43 steht 'Ηρακλέους συνεύνετις ('Ήβη) für *pubes*; Φοίβου νύμφα φλη für Lorbeer; ibid. 23 wird ein Fisch als Νηρέος παῖς bezeichnet. Vgl. Ehlers, *αἴνιγμα et γρῖφος*, Bonn 1867, p. 18 f.

Der metonymische Gebrauch von Götternamen während der Blütezeit der griechischen Poesie.

Homer und die homerischen Hymnen.

Bei Homer tritt uns der Gebrauch, den wir zu betrachten gedenken, nicht etwa noch in den ersten Anfängen, sondern sofort in vollkommener Ausbildung entgegen, mit massvoller Beschränkung angewandt, die aber gewisse kühne Bildungen nicht ausschliesst. Wir werden Ilias, Odyssee und die homerischen Hymnen bei den Betrachtungen zusammennehmen, da ja im grossen und ganzen die Sprache dieser Gedichte die gleiche ist. Eine getrennte Behandlung würde zu störenden Wiederholungen Anlass geben.

1. Der am weitaus meisten metonymisch gebrauchte Name ist Ἄρης, wenigstens in der Ilias, wo sich der häufige Gebrauch aus dem Stoff des Epos von selbst erklärt, während in der Odyssee nur drei Fälle zu notieren sind.

Man hat bemerkt, dass in der Ilias viel mehr als in der Odyssee die menschlichen Handlungen als unter unmittelbarem thätigen Einfluss der Götter stehend dargestellt werden. Ein gutes Beispiel hierfür ist die Vorstellung, die sich oft zeigt, dass die Schlacht und Vorgänge, die mit ihr im Zusammenhang stehen, unter dem unmittelbaren Einfluss des Ares erscheinen, auch wo nicht ausdrücklich gesagt wird, dass Ares im Kampfe persönlich anwesend ist. Ein Beispiel:

(Γ 28) Helena webt in das Gewand die Kämpfe der Troer und Achäer, οὓς ἕθεν εἵνεκ' ἔπασχον ὑπ' Ἄρηος παλαμάων oder Π 543: τὸν δ' ὑπὸ Πατρόκλου δάμασ' ἔγχεϊ χάλκεος Ἄρης. Diese Ausdrucksweise lässt sich unter die Tropen, die die Schulrhetorik kennt, nicht einreihen (am nächsten steht sie der Metapher), und doch ist sie auch keine κυρία λέξις. Sie hält zwischen beiden die Mitte: es ist eine dichterische Vorstellung, die nicht der sinnlichen Wahrnehmung entspricht und insofern den Tropen nahesteht; andrerseits ist diese dichterische Vorstellung als solche wörtlich aufzufassen und wird als solche mit nicht tropischen Redewendungen zum Ausdruck gebracht.

Von dieser Art sind noch folgende Verse:

Η 329 τῶν νῦν αἷμα κελαινὸν ἐΰρροον ἀμφὶ Σκάμανδρον ἐσκέδασ' ὀξὺς Ἄρης. Ὀξὺς Ἄρης bedeutet sonst die hitzige Feldschlacht (s. u. p. 15)*. Ἄρης, als Subjekt zu ἐσκέδασε, in dieser abstrakten Bedeutung zu fassen (Ameis-Hentze), geht bei Homer nicht ohne Belege. Am besten fasst man Ares hier als Persönlichkeit; es würde sich eine derartige Vorstellung gut vertragen mit der von Γ 28. Allerdings wird das Epitheton ὀξύς sonst nur mit dem metonymisch gebrauchten Wort Ἄρης verbunden, und Personen erhalten dies Epitheton sonst nie; und so nähert dies Epitheton das Wort Ἄρης der Bedeutung »Feldschlacht«. Es liegt hier nicht klar und deutlich das festumrissene Bild des Gottes uns vor, sondern dasselbe ist eigentümlich vermengt mit der Vorstellung der Schlacht. Aber immerhin wird das Vergiessen des Blutes vom Ares beeinflusst gedacht.

P 527 (= Π 611) τὸ δ' ἐξόπιθεν δόρυ μακρὸν οὔδει ἐνισκίμφθη, ἐπὶ δ' οὐρίαχος πελεμίχθη · ἔγχεος· ἔνθα δ' ἔπειτ' ἀφίει μένος ὄβριμος Ἄρης, vgl. Ν 444. Hier erklären die neueren Ausleger, für welche Ameis sprechen mag, ganz richtig: »Ares selbst erscheint hier als der Lanzenschwinger, oder der wenigstens Kraft und Flug der Lanze bestimmt«**.

---
* Plutarch de aud. poet. 6 erklärt Ἄρης hier als χαλκός.
** Die antiken Autoren π. τρόπων nehmen den Vers für Metonymie in Anspruch. Ebenso erklärt Schol. B 385 Ἄρης hier mit σίδηρος.

N 567 βάλε δουρί | αἰδοίων τε μεσηγὺ καὶ ὀμφαλοῦ, ἔνθα μάλιστα | γίγνετ' Ἄρης ἀλεγεινὸς ὀϊζυροῖσι βροτοῖσι. Als Lenker der Lanzen, wie wir gesehen haben, schafft Ares auch Wunden*.

E 287 Diomedes zu Glaukos: ἀτὰρ οὐ μὲν σφῶϊ γ'ὀίω | πρίν γ'ἀποπαύσασθαι πρίν γ'ἢ ἕτερόν γε πεσόντα | αἵματος ἆσαι Ἄρηα ταλαύρινον πυλεμιστήν**, vgl. Τ 78, Χ 267. Ares hat Freude und sättigt sich am Blute der Erschlagenen.

P 210 δῦ δέ μιν Ἄρης | δεινὸς ἐννάλιος, πλῆσθεν δ'ἄρα οἱ μέλε 'ἐντὸς | ἀλκῆς καὶ σθένεος. Ares »fuhr in ihn hinein«, d. i. er wurde mit Kampfmut und Kraft von Ares erfüllt. v. 211 ist exegetisch hinzugefügt. Die Epitheta sind die des Gottes Ares. Daher kann man nicht einfach »Kriegsmut« (Schol. Ven. B. πολέμου ἔρως) substituieren, wenn auch zugegeben ist, dass diese Bedeutung mit in die persönliche hineinspielt.

Σ 309 ξυνὸς ἐννάλιος, καί τε κτανέοντα κατέκτα. (Ἐννάλιος ist bei Homer ursprünglich adjektivischer Beiname des Ares; der Name selbst steht Archiloch. 62 ξυνὸς ἀνθρώποις Ἄρης.) Sehr gut erklärt Ameis: »der Kriegsgott gehört nicht einer Partei; er ist ἀλλοπρόσαλλος«. Zugleich lässt aber doch das Wort ξυνός den Begriff des Kriegsglücks mit dem des Gottes verbunden erscheinen. (lat. Mars communis.) So steht diese Redewendung auf der Grenze zwischen persönlicher und metonymischer, appellativer Bedeutung des Namens.

Wir gehen damit über zu der Reihe von Fällen, in denen der Name Ἄρης direkt metonymisch für »Kampf, Feldschlacht« gesetzt ist, so dass an den Gott im ganzen Satze weiter nichts erinnert als der Name.

P 490 ἐναντίβιον στάντες μαχέσασθαι Ἄρηϊ; Ἄ. ist kein überflüssiger Zusatz, vgl. Α 8 ἔριδι ξυνέηκε μάχεσθαι.

I 531 Αἰτωλοὶ μὲν ἀμυνόμενοι Καλυδῶνος ἐραννῆς, Κουρῆτες δὲ διαπραθέειν μεμαῶτες Ἄρηι, vgl.

υ 50 κτεῖναι μεμαῶτες Ἄρηι.

Φ 110 Achill zum sterbenden Hektor: ἔσσεται ἢ ἠὼς, ἢ

---
* Ἄρης ist hier nach Schol. Β 385 πληγή.
** Nach Schol. Β 385 ist Ἄ. hier σίδηρος.

δείλη ἢ μέσον ἦμαρ, | ὁππότε καί τις ἐμεῖο "Ἄρει* ἐκ θυμὸν
ἕληται, | ἢ ὅγε δουρὶ βαλὼν ἢ ἀπὸ νευρῆφιν ὀϊστῷ.
B 381, T 275 ἵνα ξυνάγωμεν Ἄρηα. vgl. ξυνάγειν ὑσμίνην Π 764. Naegelsbach zu B 381. Verwandt ist
E 859 ὁ δ' ἀνέβραχε χάλκεος Ἄρης | ὅσσον τ' ἐννεάχιλοι
ἐπίαχον ἢ δεκάχιλοι | ἄνερες ἐν πολέμῳ ἔριδα ξυνάγοντες
Ἄρηος; cf. Ξ 149. Bemerke die Synonyme: *bello certamen
pugnae congerens*. Auffallend ist, dass zuerst Ἄρης persönlich,
dann nach zwei Versen metonymisch gebraucht ist. Dieselbe
Erscheinung tritt noch schroffer auf H 146: τεύχεα δ'ἐξενάριξε,
τά οἱ πόρε χάλκεος Ἄρης, καὶ τὰ μὲν αὐτὸς ἔπειτα φόρει μετὰ
μῶλον Ἄρηος. Andere Beispiele aus späteren Dichtern s.
Schneider *Nicandrea p. 151*, wozu noch hinzugefügt werden
kann ω 60—62 (Μοῦσαι-μοῦσα), Hes. Theog. 479 Γαῖα πελώρη — —
κρύψεν — — ὑπὸ κεύθεσι γαίης und Hom. Hymn. 31,1 f; Eur.
Phoen. 670 (Γαῖα-χθών). Vgl. auch Monk zu Eur. Alc. 50. Der
Dichter scheut sich deshalb nicht, die beiden verschiedenen
Bedeutungen so kurz hintereinander zu verwenden, weil ἔριδα
ξυνάγειν Ἄρηος und μετὰ μῶλον Ἄρηος festgeprägte Wendungen sind, die schon längst in dieser Bedeutung kursieren.
Der Dichter denkt also, wenn er die Wendung gebraucht,
gar nicht mehr an die Persönlichkeit des Gottes. Wir sehen
daran auch, dass die metonymische Anwendung von Götternamen nicht etwa in bestimmten Fällen erfolgt, um
einen besonderen Effekt zu erreichen, sondern dass
sie ohne Unterschied neben den gewöhnlichen Appellativen stehen, wie wir ja oben sahen, dass ξυνάγειν Ἄρηα
und ξυνάγειν ὑσμίνην ohne jeden greifbaren Unterschied neben
einander gebraucht werden. Es ist also bloss Willkür, wenn
Hentze Anh. zu χ 444 und in seinen Anmerkungen Ἄρης immer
als besonders »hitziges Schlachtgewühl« ansieht, 'Ἀφροδίτη als
»heisse Liebe« erklärt, was auch aus den betreffenden Stellen
sich durchaus nicht herauserklären lässt.

N 630 ἀλλά ποθι σχήσεσθε, καὶ ἐσσύμενοί περ, Ἄρηος.
T 142, 189 ἐπειγόμενός περ Ἄρηος.
Σ 264 μένος Ἄρηος δατέονται; vgl.

* Schol. τῷ σιδήρῳ.

π 269 ὁπότε μνηστῆρσι καὶ ἡμῖν .... μένος κρίνηται
"Άρηος; μένος "Άρηος ist der hitzige Kampf; vgl. *hymn. Cer. 239*
πυρὸς μένος.

Bei folgenden drei Wendungen könnte man zweifeln, ob
"*A*. den Gott oder die Schlacht bedeutet:

μῶλος Ἄρηος *B* 104, *H* 147, *Π* 245, *Σ* 134. Für metonymische Auffassung spricht die soeben besprochene Stelle *H* 147, wo es nicht persönlich aufgefasst werden kann. Persönlich scheint es Archilochos aufgefasst zu haben: *fr. 3* εὖτ᾽ ἂν δὴ μῶλον Ἄρης ξυνάγῃ geht offenbar auf die homerische Wendung zurück. Es würde dann der Ausdruck in Parallele treten zu Δημήτερος ἀκτή, Διὸς ὄμβρος u. a.

Das gleiche lässt sich sagen von *B* 787 φόβον Ἄρηος φορεούσας.

A 734 ἀλλά σφι προπάροιθε φάνη μέγα ἔργον Ἄρηος. Auch dies metonymisch zu fassen, ist möglich; vgl. *B* 338 πολεμήϊα ἔργα; *Mimn. 14,10* ἐποίχεσθαι φυλόπιδος κρατερῆς ἔργον; eher aber wird man die Wendung in Parallele setzen mit ἔργα πολυχρύσου Ἀφροδίτης *hymn. Ven. 1; 9;* mit ἔργα Κύπριδος *Hes. fr. 4 Rzach; Solon 13,49* Ἀθηναίης καὶ Ἡφαίστου κλυτοτέχνου ἔργα δαείς; ibid. v. 57 Παιῶνος πολυφαρμάκου ἔργον ἔχοντες.

In dieser metonymischen Bedeutung hat Ἄρης die Epitheta στυγερός, ὀξύς, πολύδακρυς, die bei Homer dem Namen nur wenn er metonymisch gebraucht ist beigefügt zu werden pflegen: *B* 385 ὥς κε πανημέριοι στυγερῷ κρινώμεθ᾽ Ἄρηι, vgl. Nägelsbach z. d. St. Ähnlich ist *Σ* 209.

B 440, *Δ* 352, *Θ* 531, *Σ* 304, *T* 237 ἐγείρομεν ὀξὺν Ἄρηα; ἐγείρομεν ist metaphorisch gebraucht, also liegt hier Verbindung zweier Tropen vor.

Δ 836 ὁ δ᾽ ἐν πεδίῳ μένει ὀξὺν Ἄρηα.

T 318, *Θ* 518 Τρωσὶν ἐφ᾽ ἱπποδάμοισι φέρειν πολύδακρυν Ἄρηα. Πολύδακρυς ist Hypallage für »thränenbringend«, es liegt also hier eine komplizierte und kühne Übertragung vor. Vgl. *P* 192 μάχη πολύδακρυς, *P* 543, 544 ὑσμίνη ἀργαλέη πολύδακρυς, *E* 737, *Θ* 388, *P* 512 πόλεμον ... δακρυόεντα und ähnliches, was Renner, Formenwesen im griech. Epos, II. Teil, Freiberg 1872, p. 19 zusammengestellt hat.

Drei Stellen kommen in Betracht, deren Lesart schon im Altertum nicht feststand:

$Σ$ 213 αἴ κέν πως σὺν νηυσὶν Ἄρεως ἀλκτῆρες ἵκωνται.
$Ξ$ 484 τώ καί κέ τις εὔχεται ἀνήρ | γνωτὸν ἐνὶ μεγάροισιν Ἄρεως ἀλκτῆρα λιπέσθαι.
$Σ$ 100 ἐμεῖο δ' ἔδησεν ἀρῆς ἀλκτῆρα γενέσθαι.

So sind die Verse in unseren Handschriften überliefert. Didymus berichtet nun, dass Aristarch $Σ$ 100, 213 (und daher wohl auch $Ξ$ 485) Ἄρεω schrieb. Zenodot schrieb jedenfalls $Ξ$ 485 (wofür es bezeugt ist) und $Σ$ 100 ἀρῆς. Ihm folgten Ptolemaeus von Askalon, Herodian und die εἰκαιότεραι*.

Erklären und stützen lassen sich beide Lesarten**. Aristarch wird seine guten Gründe gehabt haben — wahrscheinlich lagen sie in den Verhältnissen der Überlieferung —, die wir nicht wissen können. Entscheiden können und brauchen wir nicht, wer Recht hat, die wir froh sind, wenn wir den Text Aristarchs kennen***. Hierher gehören die Stellen nur, falls Aristarch richtig las, und in diesem Falle bieten sie nichts, was über das bereits besprochene hinausgeht.

Endlich die mit ἀρηι- zusammengesetzten Wörter ἀρηίθοος, ἀρηικτάμενος, ἀρηίφατος, Ἀρηίλυκος (Eigenname), ἀρηίφιλος gehören mit Ausnahme des letzten hierher: ihr erster Bestandteil ist ἄρηι »im Kampf«. Gleichgültig ist für uns die vielbehandelte (jedenfalls von Bekker hom. Bl. I 196 u. besonders 180 am besten besprochene) Frage, ob beide Be-

---

* La Roche hom. Textkr. 203. Hentze Anhang zu $Ξ$ 485. W. C. Kayser Phil. X 375 tritt für Aristarch ein, Spitzner zu $Ξ$ 485 ist gegen Aristarch.

** Ἄρεω Archil. fr. 48; ἀρῆς ἀλκτήρ stellt sich zu ἀρὴν ἀμῦναι: M 334 und sonst, was kritisch sicher steht; mit Unrecht hat man hier Ἄρην ἀμῦναι schreiben wollen, eine Accusativform, die Herodian E 909 vorzieht.

*** Vielleicht lag dem Euripides, wenn er Or. 1484 sagt Ἄρεος ἀλκὰν ἥσσονες, eine Lesart Ἄρεως oder Ἄρεω (jedenfalls ein Genitiv von Ἄρης) vor. Wir hätten dann ein frühes Zeugnis für die Richtigkeit der aristarchischen Lesart bezw. der unserer Handschriften. — Übrigens war eine Verwechslung sehr oft naheliegend, wie auch Aesch. Suppl. 84 der Mediceus Ἄρης anstatt des echten ἀρῆς hat.

standteile getrennt oder vereint zu schreiben sind. Jedenfalls entspricht die Bedeutung von ἀρηι- in diesen Wörtern genau der in den schon besprochenen Wendungen. Wir sehen also, dass "Ἄρης in vielen Fällen ohne weiteres für »Kampf« gesetzt wird. In einer Reihe anderer Stellen wurde er in so enge Beziehungen zum Kampf und dessen einzelnen Momenten gesetzt, dass die Vorstellung des Gottes von der des Kampfes und dieser Momente schwer zu trennen war. Wir sehen, wie unter des Ares Fäusten die Achäer und die Troer Kämpfe erdulden, wie er das Blut des Kriegers vergiesst und daran sich sättigt, wie Ares den Lauf der Lanze lenkt und ihren Schwung aufhören lässt, wie er die Verwundung hervorbringt, wie er in den Kriegsmutigen hineinfährt.

Durch eine pedantische, seelenlose Wortinterpretation haben die alten Grammatiker diese Redensarten so auszulegen gewusst, dass an diesen Stellen "Ἄρης direkt stehe für πόλεμος (dies ist ja richtig!), σίδηρος, πληγή. Diese drei Bedeutungen von "Ἄρης neben der eigentlichen scheidet *Schol. B 385* und der inhaltlich übereinstimmende Artikel im *Etym. Magn. 140, 30*, während *Apollon. lex. Hom. p. 44* im Hinblick auf *P 210* anstatt der Bedeutung πληγή eine Bedeutung ἡ εἰς πόλεμον ὁρμή statuiert. Die einzelnen Stellen werden nun von den alten Erklärern demgemäss interpretiert. Auch die alten Rhetoren verwerten homerische Stellen in diesem Sinne; vgl. auch *Plutarch. aud. poet. 6*. Die bemerkensworteren derartigen Erklärungen sind deswegen bei den einzelnen Stellen unter dem Text beigefügt. Dass sie nur Grammatikerpedanterie sind, zeigt der Umstand, dass unter den zahlreichen Stellen aus den Dichtern der folgenden Zeit, die uns unten begegnen werden, keine einzige sich findet, an der "Ἄρης für τρῶσις oder πληγή steht. Es musste aber diese Erklärungsweise schon deshalb berührt werden, weil sie bei neueren wie Welcker Götterl. I 422, Preller Gr. Myth. I³ 264, Schömann *opusc.* II 56, Ebeling *lex. Hom. s. v.* wiederkehrt.

2. "Ἥφαιστος. Das einzige homerische Beispiel ist *B 426* σπλάγχνα δ' ἄρ' ἀμπείραντες ὑπείροχον Ἡφαίστοιο*.

---

* Tryphon p. 195. Georg. Choerob. π. τρόπ. 250. Gregor. Cor. π. τρόπ. 220. Apollon. *lex. Hom. 85,12*. Heraclit. *alleg. Hom. c. 26 p. 56*

Φλὸξ Ἡφαίστοιο haben wir *I* 468 πολλοὶ δὲ σύες.. εὐόμενοι τανύοντο διὰ φλογὸς Ἡφαίστοιο und *P* 88, *Ψ* 33, ω 71. Ist hier Ἥφαιστος metonymisch zu verstehen? Düntzer zu ω 71 fasst es so auf. Vgl. dagegen die schon oben p. 15 zitierten Beispiele Δημήτερος ἀκτή, Διὸς ὄμβρος, φόβος Ἄρηος; Hes. *fr. 152* μιχθεῖσ᾽ ἐν φιλότητι πολυχρύσου Ἀφροδίτης; Eur. Rhes. *417* πῦρ θεοῦ; Eur. *fr. 772* θερμὴ δ᾽ ἄνακτος φλόξ; Eur. Suppl. *469* πρὶν δῦναι θεοῦ σέλας; vgl. Φ 342; hymn. Merc. *155*; Hes. theog. *866*. Am schlagendsten würde die Analogie von Antimachos *fr. 44* Kink. Ἡφαίστου πυρὶ εἴκελον beweisen, dass Ἡφαίστοιο nicht so viel als πυρός sein kann; aber es folgt darauf: ἦν ῥα τιτύσκει δαίμων, und viel richtiger ändert nun Dübner (*Antim. fr. p. 39*) πυρί in φλογί, als Bergk, wenn er ἦν ῥα in ὄῤῥα verwandelt.

Sehr unsicher ist *fr. inc. 14 p. 74* Kink.: γρυνοὶ μὲν δαίοντο, μέγας δ᾽ Ἥφαιστος ἀνέστη. Schol. Lykophr. *86* ist der Vers unter dem Namen Homer zitiert, Et. Magn. *241, 56* ohne Namen. Schneider schreibt ihn ohne weiteren Anhalt vermutungsweise Kallimachos' Hekale zu. γρυνοί ist jedenfalls nicht homerisch, sondern ein Wort der Alexandriner: Lykophron *86, 294, 1362*.

3. Auch Ἀφροδίτη kommt bei Homer nur einmal metonymisch vor: χ 444 befiehlt Odysseus dem Eumäus und dem Telemach auf die Mägde dreinzuschlagen, εἰσόκε πασέων | ψυχὰς ἐξαφέλησθε καὶ ἐκλελάθοιντ᾽ Ἀφροδίτης, | τὴν ἄρ᾽ ὑπὸ μνηστῆρσιν εἶχον μίσγοντό τε λάθρῃ.

4. Ἀΐδης. Dieser Name wird bekanntlich selbst in Prosa ganz gewöhnlich für »Unterwelt« angewandt. Homer hat an zahlreichen Stellen Ἀΐδης bloss für den Gott; die Unterwelt ist δῶμ᾽ Ἀΐδαο u. ähnl. Er sagt εἰς Ἀΐδαο δόμους, εἰν Ἀ. δόμοισι, oder bloss ἐξ, εἰν, εἰς Ἀΐδαο. Auch *A* 3 πολλὰς δ᾽ ἰφθίμους ψυχὰς Ἄϊδι προΐαψεν ist unstreitig der Gott gemeint, wie

---

Mehler. Hesych: Ἡφαίστοιο, τοῦ πυρός. Ἥφαιστος ὁτὲ μὲν ὁ θεός,... ὁτὲ δὲ μετωνυμικῶς τὸ πῦρ, παρὰ τισὶ δὲ ὁ ἥλιος. Beispiele dieses Gebrauchs — vorausgesetzt dass diese Notiz auf richtiger Interpretation der betreffenden Stellen beruht — sind uns, wenigstens aus der von uns zu betrachtenden Periode, nicht erhalten.

E 190 καί μιν ἐγωγ' ἐφάμην Ἀϊδωνῆϊ προϊάψειν zeigt; denn Ἀϊδωνεύς ist immer persönlich.

Bedenken aber ruft hervor Ψ 244 εἰσόκεν αὐτὸς ἐγὼν — Achill redet — Ἄϊδι κεύθωμαι. A liest κλεύθωμαι, und so las nach Aristonicus auch Aristarch; es wurde dies erklärt πορεύωμαι (vgl. Lobeck *Rhem.* p. 92). Didymus verwirft κεύθωμαι als οὐκ εὖ. Die Neueren lesen alle κεύθωμαι. Es hängt nun von der Auffassung dieser einen Stelle ab, ob wir bei Homer Ἀΐδης als Unterwelt gelten lassen oder nicht. Die meisten sind geneigt Ἀΐδης auch an dieser Stelle persönlich zu fassen, so Voss (zu *h. Cer.* 348), Nitzsch (Anm. z. Od. III p. 148), Düntzer (z. d. St.), Doederlein (hom. Gloss. n. 407), Ameis zu κ 491, der sich aber in der Anm. z. d. St. selbst widerspricht und die lokale Bedeutung unabweisbar findet. Nach Faesis Urteil steht Ἄϊς hier auf der Grenze zwischen der sonst allein homerischen persönlichen und der späteren örtlichen Bedeutung. Naegelsbach zu *A* 3 findet die Sache bedenklich, ist aber eher geneigt persönliche Bedeutung anzunehmen.

Die Form κλεύθωμαι ist jedenfalls trotz der Autorität der alten Grammatiker bedenklich. Wir finden nirgends eine ähnliche Form. Dagegen Ἄϊδα κεύθων (κεύθων intransitiv gleich κευθόμενος) sagt *Soph. Ai. 635.* Möglicherweise verdankt die Form κλεύθωμαι ihr Entstehen dem Bestreben, dem vorausgehenden ι in Ἄϊδι zu einer Positionslänge zu verhelfen. Vgl. Hoffmann *quaest. hom.* I p. 162.

Schreiben wir κλεύθωμαι, so ist Ἄϊδι besser appellativ zu fassen. Die Richtung wird bei Homer oft mit dem blossen Dativ ausgedrückt: χεὶρ πεδίῳ πέσε E 82, θαλάσσῃ κέλσαι Ἀχαιούς Σ 294 (Kühner 2,350), aber dass eine Person in dieser Weise in den Dativ gesetzt wird, dürfte doch nicht vorkommen.

Lesen wir κεύθωμαι, so ist auch hier die appellative Auffassung zulässig; nichts ist häufiger bei Homer als der blosse Dativ auf die Frage »wo?«.

Für persönliche Auffassung liesse sich mit Naegelsbach sagen, Ἄϊδι stehe für ὑπ' Ἄϊδος, wie Π 326 δοιοῖσι κασιγνήτοισι δαμέντε.

Jedenfalls steht die Wendung ganz vereinzelt bei Homer da. Eine bestimmte Entscheidung wage ich nicht zu treffen. Die Möglichkeit einer lokalen Bedeutung des Worts an dieser Stelle ist zuzugeben.

Der erste entscheidende Schritt zur appellativen Bedeutung des Namens Ἀΐδης scheint mir h. Merc. 572 gethan zu sein: während es bei Homer immer heisst εἰς Ἀΐδαο, εἰς Ἀΐδαο δόμους, heisst es hier: οἶον δ'εἰς Ἀΐδην τετελεσμένον ἄγγελον εἶναι. Ich nehme an, dass εἰς Ἀΐδην dieselbe Bedeutung hat, wie εἰς Ἀΐδαο δόμους bei Homer. Vgl. Aesch. Prom. 1027 εἰς ἀναύγητον μολεῖν Ἀΐδην, eine Stelle, die wohl zur Voraussetzung hat, dass auch vorher in εἰς Ἀΐδην Ἀΐδης als lokale Bezeichnung gefühlt wurde. Überhaupt werden wir bei εἰς Ἀΐδην nie ein Epitheton finden, das dem Gott zukommt, sondern es wird immer mit Epitheta verbunden, die der Örtlichkeit zukommen.

5. *Δημήτηρ* wird metonymisch für Getreide und Brot oder für die Erde bei den Griechen gar nicht häufig gesetzt. Auch bei Homer findet es sich nicht. Doch wird bei *[Plut.] de Homeri poesi et ingenio c. 23* als homerischer Vers zitiert: ἦμος ὅτ' αἰζηοὶ Δημήτερα βωλοτομεῦσι (Kinkel *ep. fr. p. 73*). *Plutarch. de Is. et Os. c. 66* zitiert ihn als von einem ποιητής τις stammend*. Dieser Umstand, verbunden damit, dass der Vers in unseren Handschriften nicht steht und dass vor allem Unhomerisches darin vorkommt, macht es ziemlich sicher, dass die Angabe des Ps. Plutarch nicht richtig ist.

Das erste sichere Beispiel des metonymischen Gebrauchs von *Δημήτηρ* ist somit im Orakel bei Herod. VII 141. S. u. p. 37.

6. *Ἐρινύες*. Die Ἐρινύες sind bei Homer die Rachegöttinnen, deren Fluch der bösen That auf dem Fuss folgt: einen bestimmten Wohnsitz schreibt er ihnen zu im Hades.

---

* Plut. las κωλοτομεῦσι (die Glieder zerschneiden); allerdings bleibt dann das Verbum in dem Bild, das mit Δημήτερα begonnen ist, doch ist das Bild widerlich. So hat, wie ich sehe, auch schon Xylander z. d. Plutarchstelle geurteilt. Es würde aber einem Alexandriner der Vers gut zuzutrauen sein. Schömann *op.* II 56 glaubt, der Vers habe ursprünglich bei Homer gestanden.

Vgl. besonders Nägelsbach hom. Theol. 262 ff. So sind sie bei Homer persönlich gedacht, z. B. — um eine beliebige Stelle herauszuheben — *I* 87 Ζεὺς καὶ Μοῖραι καὶ ...'Ερινύες. Jeder Mensch hat seine Erinys, die an ihm begangenes Unrecht verfolgt. ρ 475 εἴ που καὶ πτωχῶν γε θεοὶ καὶ 'Ερινύες εἰσίν. λ 279 τῷ δ' (dem Oedipus) ἄλγεα κάλλιπ' ὀπίσσω | πολλὰ μάλ', ὅσσα τε μητρὸς 'Ερινύες ἐκτελέουσιν.

An einer Stelle dagegen wird man unter 'Ερινύς eher den von der Erinys ausgehenden Fluch selbst verstehen: Φ 412 οὕτω κεν τῆς μητρὸς ἐρινύας ἐξαποτίνοις, | ἥ τοι χωομένη κακὰ μήδεται, οὕνεκ' Ἀχαιοὺς | κάλλιπες, αὐτὰρ Τρωσὶν ὑπερφιάλοισιν ἀμύνεις: so triumphiert Athene über den niedergeworfenen Ares.

7. *Μοῦσα*. Bei Homer ist die *Μοῦσα* (oder die *Μοῦσαι*) immer persönlich gedacht, nur in der schon von Aristarch als jüngere Partie bezeichneten δευτέρα νέκυια lesen wir ω 60 ff.: Μοῦσαι δ' ἐννέα πᾶσαι ἀμειβόμεναι ὀπὶ καλῇ | θρήνεον (an der Leiche des Achill). ἔνθα κεν οὔ τιν' ἀδάκρυτόν γε νόησας | Ἀργείων. τοῖον γὰρ ὑπώροοε μοῦσα λίγεια*. Es liegt also hier die Bedeutung »Gesang« vor. Doppelt bemerkenswert ist die Stelle, weil innerhalb dreier Verse μοῦσα erst in persönlichem und dann in appellativem Sinne gebraucht ist.

In den Hymnen kommt *Μοῦσα* als Lied, Melodie vor XIX 15 δονάκων ὕπο μοῦσαν ἀθύρων | νήδυμον. *H. Merc.* 447 τίς τέχνη, τίς μοῦσα ἀμηχανέων μελεδώνων, | τίς τρίβος; ist verderbt**.

8. Nicht übergehen dürfen wir das Wort *δαίμων*, zwar kein Göttername, sondern nur eine Bezeichnung der Götter.

---

* Als Person ist μοῦσα λίγεια angeredet *hymn.* XIV 2, XVII 1, XX 1, und dann ist λίγεια gerade so zu verstehen wie λιγὺς Πυλίων ἀγορητής *Α* 248.

** Baumeister meint, μοῦσα, da es zwischen τέχνη und τρίβος stehe, könne nicht »Gesang« bedeuten (dies ist zweifellos richtig!) und er fasst es auf als *meditatio* mit Hinweis auf die von *Plato Cratyl.* 406 A vorgetragene Etymologie, die μ. von μαίω, μῶμαι ableitet. Viel richtiger als zu solchen unbeweisbaren Annahmen zu greifen, ist es doch anzunehmen, dass nicht nur ἀμ. μελ. sondern auch μοῦσα verderbt ist.

Bekannt ist die Stelle Θ 166 πάρος τοι δαίμονα δώσω, was Aristarch als unhomerisch verwarf. Didymus berichtet, dass Zenodot schrieb πάρος τοι πότμον ἐφήσω. Also auch Zenodot hielt die Wendung für unhomerisch. Zum ersten Male nachweisen lässt sich δ. in metonymischem Sinn bei Pindar. S. u. p. 49.

9. Wenn Naegelsbach H. Th. 94 unter einigen Fällen von metonymischem Gebrauch von Götternamen auch N 837 nennt ἤχη δ᾽ ἀμφοτέρων ἵκετ᾽ αἰθέρα καὶ Διὸς αὐγάς, so ist dies doch nicht zutreffend. Ζεύς ist hier nicht der Himmel. Richtig erklärt Ameis: »Zeus' Strahlen, den Glanz des Himmels«, und vergleicht Διὸς νεφέλαι B 146. In der That reiht sich die Wendung vielmehr der schon behandelten, Διὸς ὄμβρος, φλὸξ Ἡφαίστοιο, Δημήτερος ἀκτή an.

10. Εἰλείθυια. Ebensowenig ist es zu billigen, wenn in der Erklärung des Verses Τ 119 Ἀλκμήνης δ᾽ ἀπέπαυσε τόκον (Hera), σχέθε δ᾽ Εἰλειθυίας Naegelsbach a. a. O. dem Schol. folgt, der Εἰλ. mit ὠδῖνες auslegt und es mit Ἄρης und Ἥφαιστος hinsichtlich des Gebrauchs auf eine Stufe stellt. Die persönliche Auffassung der Eileithyien ist an dieser Stelle nicht minder zulässig als an allen andern: Hera hielt die Eileithyien zurück, so dass sie der Alkmene nicht beistehen konnten; denn jede Geburt wird von ihnen herbeigeführt. Jedem unbefangenen Leser wird wirklich das Bild der Hera vor Augen treten, wie sie die leibhaftigen Geburtsgöttinnen vom Bette der Alkmene fernhält; eine solche Auffassung ist doch viel plastischer und farbiger als die der Scholien. Wirklich metonymischen Gebrauch des Namens haben wir erst viel später (Euripides, Kallimachos).

11. Ἀμφιτρίτη. Amphitrite kennt die Ilias gar nicht (auch der Nereidenkatalog Σ 39 ff. nicht), während sie im hesiodischen Th. 243 vorkommt und Th. 930 schon Gattin des Poseidon ist. In der Odyssee (γ 91, ε 422, μ 60) steht sie stets im engsten Zusammenhang mit dem Meere. Vgl. Dissen zu Pind. Ol. VI 105.

So auch μ 97 κῆτος, ἃ μυρία βόσκει ἀγάστονος Ἀμφιτρίτη. Ausgeschlossen ist jedenfalls die Möglichkeit, ἀγάστονος als »die Stöhnen verursachende« (Schol.) aufzufassen.

ἀγάστονος ist ein Epitheton, das eigentlich dem Meer zukommt, während wir Amphitrite als Göttin aufzufassen gewohnt sind.
Man fasst nun Amphitrite am besten persönlich wie ε 422 κῆτος οἷά τε πολλὰ τρέφει κλυτὸς Ἀμφιτρίτη. Das dem Meere zukommende Epitheton verhält sich zu dem Namen wie bei ὀξὺς Ἄρης H 329; so ist es ohne Zweifel auch aufzufassen h. Ap. Del. 94 ff.: θεαὶ δ᾽ ἔσαν ἔνδοθι πᾶσαι, | ὅσσαι ἄρισται ἔασι, Διώνη τε Ῥείη τε Ἰχναίη τε Θέμις καὶ ἀγάστονος Ἀμφιτρίτη*.
Welcker Götterl. I 650, Naegelsbach H. Th. 83, Stoll bei Roscher s. v., Gemoll zu h. Ap. Del. 94 fassen hier Ἀμφιτρίτη ganz unpersönlich als Meer. Wäre diese Voraussetzung richtig, so würde sicher bei den nachfolgenden Dichtern bald auch ein zweites Beispiel zu finden sein, wie die übrigen homerischen Metonymieen stets nachgeahmt worden sind. Doch findet sich in der von uns zu betrachtenden Periode kein einziges Beispiel. Es tritt erst später auf. S. Haupt p. 74.

Wir sind nun mit dem metonymischen Gebrauch von Götternamen im engeren Sinne bei Homer zu Ende. Der eben besprochene Gebrauch von Ἀμφιτρίτη, wo die Persönlichkeit genannt ist, das Epitheton aber vom Gegenstand hergenommen ist, führt uns über zu dem Gebrauch derjenigen Götternamen, wo diese Erscheinung gewöhnlich vorkommt, derjenigen, *die sich decken mit der Bezeichnung des Gegenstandes,* den der Gott beherrscht; und wir müssen die Fälle betrachten, wo sich die Vermischung der Vorstellung von Beiden nicht in dem einen Namen ausspricht, sondern erst im Verlauf des Satzes.

* Oder sollte ἀγάστονος eine alte rohe Vorstellung zum Ausdruck bringen, die Amphitrite wirklich »laut brüllend« als wilde Meergottheit dachte? An solchen Überbleibseln alter wilder Vorstellungen fehlt es in der Ilias bekanntlich nicht.

Am häufigsten zeigt sich dies bei den Gottheiten des Himmels, der Sonne, der Morgenröte, der Winde, der Flüsse, des Ozeans und anderer Naturgegenstände; dann bei Ὕπνος und einigen ähnlichen Namen.

1. **Flussgott und Fluss; Okeanos.** Nicht nur die Eigennamen der Flüsse sind die gleichen wie die ihrer Gottheiten, sondern auch der gemeinsame Name der Flussgötter ist ποταμοί. Υ 7 in der Götterversammlung οὔτε τις οὖν ποταμῶν ἀπέην νόσφ' Ὠκεανοῖο. Ψ 142 und sonst*.

Über die Erscheinung, dass die Vorstellung vom Gott und vom Fluss in der Phantasie sich kreuzen, findet sich einiges gesagt bei Nitzsch Anm. z. Od. Bd. II p. 67 f. Naegelsbach H. Th. 94. Haupt p. 170.

Zwei Gruppen von Stellen lassen sich scheiden:

a. **Vom Flussgott ist die Rede, wobei dann die Vorstellung vom Flusse mit unterläuft.**

E 544 Diokles γένος δ'ἦν ἐκ ποταμοῖο | Ἀλφείου, ὅστ' εὐρὺ ῥέει Πυλίων διὰ γαίης, : ὃς τέκετ' Ὀρσίλοχον πολέεσσ' ἄνδρεσσιν ἄνακτα, Ὀρσίλοχος δ' ἄρ' ἔτικτε Διοκλῆα μεγάθυμον. Die Vorstellung vom Gott herrscht vor: wie ein Keil schiebt sich die Vorstellung vom Flusse mit den Worten ὅστ' — — γαίης dazwischen.

Ξ 311 οἴχωμαι πρὸς δῶμα βαθυρρόου Ὠκεανοῖο. Heyne sagt, das Epitheton β. könne dem Gotte nicht beigelegt werden.

Σ 399 Εὐρυνόμη θυγάτηρ ἀψορρόου Ὠκεανοῖο.

Π 174 υἱὸς Σπερχειοῖο διιπετέος ποταμοῖο, | ὃν τέκε Πηλῆος θυγάτηρ καλὴ Πολυδώρη ; Σπερχειῷ ἀκάμαντι, γυνὴ θεῷ εὐνηθεῖσα.

Υ 73 ἄντα δ' ἄρ' Ἡφαίστοιο μέγας ποταμὸς βαθυδίνης, | ὃν Ξάνθον καλέουσι θεοί, ἄνδρες δὲ Σκάμανδρον. ποταμός ist halb der Flussgott, halb der Fluss.

Ebenso Φ 332 ἄντα σέθεν (Hephäst) γὰρ | Ξάνθον δινήεντα μάχῃ ἠΐσκομεν εἶναι.

---

* Auf das Vorkommen dieser Bezeichnung bei dem Folgenden brauchen wir weiter nicht zu achten.

Im 21. Gesang, wo der erzürnte Xanthos den Achill mit seinen Fluten verfolgt und dann von Hephäst mit Feuersglut weggetrieben wird, erscheint der Flussgott in ungetrennter Verbindung mit dem Fluss (Φ 234—271; 308—384).

Φ 131 οὐδ᾽ ὑμῖν ποταμός περ ἐΰρροος ἀργυροδίνης | ἀρκέσει, ᾧ δὴ δηθὰ πολέας ἱερεύετε ταύρους etc.

Φ 140 Ἀστεροπαίῳ — — | υἱεῖ Πηλεγόνος, τὸν δ᾽ Ἄξιος εὐρυρέεθρος | γείνατο καὶ Περίβοια, Ἀκεσσαμενοῖο θυγατρῶν | πρεσβυτάτη, τῇ γάρ ῥα μίγη ποταμὸς βαθυδίνης.

Derselbe Asteropaios sagt Φ 157 αὐτὰρ ἐμοὶ γενεὴ ἐξ Ἀξιοῦ εὐρὺ ῥέοντος, | [Ἀξιοῦ, ὃς κάλλιστον ὕδωρ ἐπὶ γαῖαν ἵησι,] ὃς τέκε Πηλεγόνα etc.

Φ 145 Φῆσθα σὺ μὲν ποταμοῦ γένος ἔμμεναι εὐρὺ ῥέοντος und kurz darauf v. 190 ff. τῷ κρείσσων μὲν Ζεὺς ποταμῶν ἁλιμυρηέντων, | κρείσσων αὖτε Διὸς γενεὴ ποταμοῖσι τέτυκται, | καὶ γὰρ σοὶ ποταμός γε πάρα μέγας, εἰ δύναταί τι | χραισμεῖν· ἀλλ᾽ οὐκ ἔστι Διὶ Κρονίωνι μάχεσθαι, τῷ οὐδὲ κρείων Ἀχελώϊος ἰσοφαρίζει, | οὐδὲ βαθυρρείταο μέγα σθένος Ὠκεανοῖο (μέγα σθένος macht hier den Ὠ. zu einer Persönlichkeit), | ἐξ οὗπερ πάντες ποταμοὶ καὶ πᾶσα θάλασσα καὶ πᾶσαι κρῆναι καὶ φρείατα μακρὰ νάουσιν. (hier ist Ὠ. wieder appellativ)* | ἀλλὰ καὶ ὃς δείδοικε (persönlich!) Διὸς μεγάλοιο κεραυνόν, | δεινήν τε βροντήν, ὅτ᾽ ἀπ᾽ οὐρανόθεν σμαραγήσῃ.

ε 445 fleht Odysseus zum Flussgott von Scheria: κλῦθι, ἄναξ, ὅτις ἐσσί, πολύλλιστον δέ σ᾽ ἱκάνω, · φεύγων ἐκ πόντοιο Ποσειδάωνος ἐνιπὰς | . . . ὡς ἐγὼ καὶ νῦν | σόν τε ῥόον σά τε γούναθ᾽ ἱκάνω πολλὰ μογήσας.

Dann — ein seltener Fall — werden Fluss und Gott wieder geschieden v. 451 ff.: ὣς φάθ᾽· ὁ δ᾽ αὐτίκα παῦσεν ἑὸν ῥόον, ἔσχε δὲ κῦμα, | πρόσθε δέ οἱ ποίησε γαλήνην, τὸν δ᾽ ἐσάωσεν | ἐς ποταμοῦ προχοάς. Die Stelle ist lehrreich dafür, dass doch Fluss und Flussgott nicht eins sind, sondern dass die Gleichsetzung eine Nachlässigkeit der Sprache ist. Ähnlich, nur weniger stark hervortretend ist die Verschiedenheit Φ 145: μένος δέ οἱ (dem Asteropaios) ἐν φρεσὶ θῆκεν | Ξάνθος,

---

* Schömann opusc. II 53 ff.

ἐπεὶ κεχόλωτο δαϊκταμένων αἰζηῶν, | τοὺς Ἀχιλεὺς ἐδάϊζε κατὰ
ῥόον οὐδ' ἐλέαιρεν.

λ 238 Tyro ἣ ποταμοῦ ἠράσσατ' Ἐνιπῆος θείοιο, | ὃς πολὺ
κάλλιστος ποταμῶν ἐπὶ γαῖαν ἵησιν, | καί ῥ' ἐπ' Ἐνιπῆος
πωλέσκετο καλὰ ῥέεθρα, | τῷ δ' ἄρ' ἐεισάμενος γαιήοχος Ἐννοσί-
γαιος | ἐν προχοῇς ποταμοῦ παρελέξατο δινήεντος.

Ψ 144 dagegen betet Achill zum Spercheios, und trotzdem längere Zeit der Flussgott angeredet wird, schleicht sich
doch nie die Vorstellung von dem Flusse selbst ein. Dies ist
gar nicht das Gewöhnliche.

b. **Vom Fluss ist die Rede, wobei dann die Vorstellung vom Flussgott unterläuft.**

Dies ist weniger häufig.

Φ 1 f. (= Ξ 433 f. = Ω 692 f.) ἀλλ' ὅτε δὴ πόρον ἷξον
εὐρρεῖος ποταμοῖο | Ξάνθου δινήεντος, ὃν ἀθάνατος τέκετο
Ζεύς.

Ξ 244 sagt Hypnos: ἄλλον μέν κεν ἔγωγε θεῶν αἰειγενετάων |
ῥεῖα κατευνήσαιμι, καὶ ἂν ποταμοῖο ῥέεθρα | Ὠκεανοῦ, ὅσπερ
γένεσις πάντεσσι τέτυκται.

Σ 607 ἐν δ' (auf dem Schild) ἐτίθει ποταμοῖο μέγα σθένος
Ὠκεανοῖο | ἄντυγα πὰρ πυμάτην σάκεος πύκα ποιητοῖο. Der
Künstler bildet den Ozean; μέγα σθένος aber mit dem Genitiv
bezeichnet die Person Okeanos.

An einer Reihe Stellen ist es nicht ausgeprägt, ob vom
Fluss oder vom Gotte die Rede ist: besonders in der schon
erwähnten Partie von der Verfolgung Achills durch den Xanthos. Vgl. besonders Φ 302 ff.*

2. **Windgötter und Winde.** Wie die Flussgötter ποταμοί, so heissen die Windgötter einfach ἄνεμοι: Π 150, Ψ 194.

Ψ 198 ὠκέα δ' Ἶρις ; ἀράων ἀίουσα μετάγγελος ἦλθ' ἀνέ-
μοισιν, ; οἱ μὲν ἄρα Ζεφύροιο δυσαέος ἄθροοι ἔνδον | εἰλα-
πίνην δαίνυντο ... τοὶ δ' ὡς ἴδον ὀφθαλμοῖσιν, | πάντες ἀνήϊξαν
κάλεόν τέ μιν εἰς ἓ ἕκαστος. Das Epitheton δυσαής kommt in
erster Reihe dem Wind selbst zu (μ 289 ist es so gebraucht).

---

* Darauf hat gut Schömann *op.* II 56 aufmerksam gemacht.

Auch gleich darauf sind Windgott und Wind eng verknüpft v. 208 ἀλλ' Ἀχιλεὺς Βορέην ἠδὲ Ζέφυρον κελαδεινὸν | ἐλθέμεν ἀρᾶται καὶ ὑπίσχεται ἱερὰ καλά, ὄφρα πυρὴν ὄρσητε καήμεναι. Ob der Wind oder der Gott gemeint sei, lässt sich nicht entscheiden ε 331 ἄλλοτε μέν τε Νότος Βορέῃ προβάλεσκε φέρεσθαι (das Floss), | ἄλλοτε δ' αὖτ' Εὖρος Ζεφύρῳ εἴξασκε διώκειν *.

3. Sonnengott und Sonne. α 24 ἡμὲν δυσομένου Ὑπερίονος ἠδ' ἀνιόντος. h. Ap. Pyth. 190 ἀλλὰ σέ γ' (den Drachen Pytho) αὐτοῦ | πύσει γαῖα μέλαινα** καὶ ἠλέκτωρ Ὑπερίων. Hyperion ist Beiname des Helios. Da Ὑπερίων im eigentlichen Sinn nie die Sonne selbst bedeuten kann wie Ἥλιος, so liegt, wenn dieser Name den Begriff der Sonne ausdrücken soll, Metonymie vor***. Dass ein Beiname statt des wirklichen Namens gesetzt wird, ist ja sehr häufig (Antonomasie). Hier haben wir das erste Beispiel für die schon oben, p. 2, kurz berührte Erscheinung, dass Antonomasie auch bei metonymischem Gebrauch des Namens vorkommt.

Ξ 343 τοῖόν τοι ἐγὼ νέφος ἀμφικαλύψω | χρύσεον, οὐδ' ἂν νῶϊ διαδράκοι Ἥλιός περ, | οὗ τε καὶ ὀξύτατον πέλεται φάος εἰσοράασθαι. Besonders auffallend ist λ 15 οὐδέ ποτ' αὐτοὺς | Ἥλιος φαέθων καταδέρκεται ἀκτίνεσσιν. Vgl. h. Cer. 70. Hes. Theog. 760.

Hier möge auch der Anfang des späten homerischen Hymnus XXX untergebracht werden: Ἥλιον ὑμνεῖν αὖτε Διὸς τέκος ἄρχεο, Μοῦσα | Καλλιόπη, φαέθοντα, τὸν Εὐρυφάεσσα βοῶπις | γείνατο Γαίης παιδὶ καὶ Οὐρανοῦ ἀστερόεντος.

---

* Von anderer Art ist Ε 524 ὄφρ' εὕδῃσι μένος Βορέαο καὶ ἄλλων ζαχρηῶν ἀνέμων. Hier heisst es, die Kraft des Boreas schlummere; dies ist eine Metapher, bei welcher an ein Schlummern des Gottes nicht gedacht wird. Vgl. Π 765, μ 332.

** Mit Unrecht schreibt Baumeister hier Γαῖα gross.

*** Es hätte dieser Gebrauch demnach schon früher besprochen werden können; doch ist es besser, die Stellen im Zusammenhang mit den übrigen Stellen von Ἥλιος zu betrachten.

K 138 ἄμφω δ' ἐκγεγάτην φαεσιμβρότου Ἠελίοιο (χ 191 ist φ. ἠελ. appellativ gesagt).

In der Rede des Helios μ 377—383 ist die Persönlichkeit des Gottes konsequent festgehalten; doch einmal bricht die Vorstellung von der Sonne leise durch: εἰ δέ μοι οὐ τίσουσι βοῶν ἐπιεικέ' ἀμοιβήν, δύσομαι εἰς Ἀΐδαο καὶ ἐν νεκύεσσι φαείνω.

Umgekehrt ist von der Sonne die Rede, während die Vorstellung vom Gott leise durchbricht γ 1: Ἤέλιος δ' ἀνόρουσε λιπὼν περικαλλέα λίμνην | οὐρανὸν εἰς πολύχαλκον, ἵν' ἀθανάτοισι φαείνοι | καὶ θνητοῖσι βροτοῖσιν ἐπὶ ζείδωρον ἄρουραν.

Ebenso H 421 Ἤέλιος μὲν ἔπειτα νέον προσέβαλλεν ἀρούρας | ἐξ ἀκαλαρρείταο βαθυρρόου Ὠκεανοῖο ̣ οὐρανὸν εἰσανιών.

Vom Gotte wie von der Sonne verstehen kann man Ἤέλιος μ 3: νῆσόν τ' Αἰαίην, ὅθι τ' Ἠοῦς ἠριγενείης | οἰκία καὶ χοροί εἰσι καὶ ἀντολαὶ Ἠελίοιο (oder ἠελίοιο). Das gleiche trifft zu auf o 404 τροπαὶ Ἠελίοιο (ἠελίοιο), und auf die Stellen wo von αὐγαὶ Ἠελίοιο (ἠελίοιο) die Rede ist (Π 188, P 371); ebenso auf das oft vorkommende φάος Ἠελίοιο (ἠελίοιο).

Wo dagegen es heisst οὔτ' αὐγῇς Ὑπερίονος Ἠελίοιο τέρποντ' οὔτ' ἀνέμοισιν (Θ 480) und μ 175 αἶψα δ'ιαίνετο κηρός, ἐπεὶ κέλετο μεγάλη ἴς Ἠελίου τ' αὐγὴ Ὑπεριονίδαο ἄνακτος, da ist vielmehr an die Analogie von Διὸς αὐγαί, Δημήτερος ἀκτή zu denken und Ἤέλιος am besten persönlich zu fassen.

4. Ἠώς. Eos ist bei Homer eine ziemlich ausgeprägte Persönlichkeit, doch wenn sie erwähnt wird, steht sie meist in enger Beziehung zur Morgenröte. Ihre Beinamen ἠριγένεια, ῥοδοδάκτυλος, ἐΰθρονος, χρυσόθρονος, κροκόπεπλος sind zwar die einer Frau, doch sind sie von den Eigentümlichkeiten der Morgenröte hergeleitet*. An den meisten Stellen wo wir lesen ἦμος δ'ἠριγένεια φάνη ῥοδοδάκτυλος Ἠώς oder αὐτίκα δὲ χρυσόθρονος ἤλυθεν Ἠώς kann man nicht sagen, dass das Bild der Göttin oder des der Morgenröte vorwiegt;

* Nur der eine Beiname ἐϋπλόκαμος erinnert in nichts an die Morgenröte: ε 390, χ 144, ι 76.

vielmehr treten bei diesen Wendungen beide zugleich vor die Phantasie des Hörers.

Von der Morgenröte ist vorzugsweise die Rede in Wendungen wie ἅμα δ' ἠοῖ φαινομενῆφιν I 618 und sonst; δεκάτη ἐφάνη ῥοδοδάκτυλος ἠώς Z 175, Ω 785; μέσφ' ἠοῦς ἠριγενείης, εὕθρονον ἠῶ μίμνον Θ 565 u. a. (ἐμείναμεν ἠῶ δῖαν). Dagegen die Gottheit wiegt vor B 48 'Ηὼς μέν ῥα θεὰ προσεβήσατο μακρὸν Ὄλυμπον. T 1 'Ηὼς μὲν κροκόπεπλος ἀπ' Ὠκεανοῖο ῥοάων | ὤρνυθ', ἵν' ἀθανάτοισι φόως φέροι ἠδὲ βροτοῖσιν. Die Epitheta sind nun dieselben, ob von der Göttin oder von der Morgenröte die Rede ist. Vgl. o 250 mit ξ 502; E 121 mit ἦμος δ' ἠριγένεια φάνη ῥοδοδάκτυλος ἠώς. Demselben Vers stelle man gegenüber *hymn. Ven. 226:* (Tithonos) 'Ηοῖ τερπόμενος χρυσοθρόνῳ ἠριγενείῃ.

Eine Vermischung und Kreuzung beider Vorstellungen tritt nur ein δ 188 'Ηοῦς φαεινῆς ἀγλαὸς υἱός, und Θ 1 'Ηὼς μὲν κροκόπεπλος ἐκίδνατο πᾶσαν ἐπ' αἶαν. Vgl. Ψ 227, Ω 695. 'Ηὼς κροκόπεπλος ruft die Vorstellung von der Göttin wach[*], in welche dann die von der Morgenröte sich einmischt mit ἐκίδνατο[**].

5. *Οὐρανός*. Uranos ist bei Homer noch nicht Gott, sondern scheint erst von Hesiod in das allgemeine Göttersystem eingeführt zu sein. (Naegelsbach H. Th. p. 80.) Diese Vorstellung tritt auch — natürlich nach Vorgang des Hesiod — in einigen Hymnen auf und zwar trägt Οὐρανός da ohne weiteres die Epitheta, die für οὐρανός (= Himmel) bei Homer sich vorgeprägt finden: εὐρύς, ἀστερόεις. So *hymn.* XXX 17 χαῖρε θεῶν μῆτηρ, ἄλοχ' Οὐρανοῦ ἀστερόεντος. XXXI 3 Γαίης παιδὶ καὶ Οὐρανοῦ ἀστερόεντος.

Diesem Gebrauch der Namen von Naturgottheiten schliessen sich teilweise an ῞Υπνος, ῎Ονειρος, ῎Ερις, Νύξ.

---

[*] κροκόπεπλος heisst auch Enyo *Hes. Th.* 273. Μοῦσαι κροκόπεπλοι *Alcm. fr.* 85 A.

[**] H 458 ὅσον τ' ἐπικίδναται ἠώς ist eine solche Mischung der Vorstellungen vermieden, denn das Epitheton κροκόπεπλος fehlt.

6. Ὕπνος. Hypnos ist eine Personifikation des Schlafs, die zu einer gewissen Persönlichkeit gelangt ist*. Stehendes Beiwort des Schlafes ist νήδυμος, wie z. B. B 2 Δία δ'οὐκ ἔχε νήδυμος ὕπνος. Dies Epitheton wird auch auf den Gott übertragen: Ξ 242 προσεφώνεε νήδυμος Ὕπνος; 354, Π 454 πέμπειν μιν (den Sarpedon) Θάνατόν τε φέρειν καὶ νήδυμον Ὕπνον; und gar Ξ 253 sagt Hypnos ἐγὼ μὲν ἔλεξα Διὸς νόον αἰγιόχοιο | νήδυμος ἀμφιχυθείς.

Dieselbe Erscheinung, dass das Epitheton der Sache auf die Persönlichkeit übertragen wird, haben wir bei Ὄνειρος, Ἔρις, Νύξ; es sind dies eben Personifikationen, die aus den Begriffen hervorgegangen sind.

7. Ὄνειρος hat das Epitheton οὖλος B 6: πέμψαι ἐπ' Ἀτρεΐδῃ Ἀγαμέμνονι οὖλον ὄνειρον. Den Traumgott redet Zeus in derselben Weise v. 8 an: βάσκ' ἴθι, οὖλε Ὄνειρε.

8. Ἔρις. Λ 73 Ἔρις δ'ἄρ' ἔχαιρε πολύστονος εἰσορόωσα. Das Epitheton kommt eigentlich dem Begriff ἔρις zu, obgleich bei Homer diese Verbindung nirgends sonst vorkommt.

9. Νύξ kommt nur einmal bei Homer als Göttin vor; Ξ 261. Da heisst sie θοή, und auch dies Epitheton kommt eigentlich dem Appellativ zu: s. Ameis-Hentze z. d. St.

10. Verwandt ist der Gebrauch bei Namen von Gestirnen, Pflanzen, Thiere, welche früher Menschen waren und an die sich Verwandlungssagen knüpfen. Hier verschlingen sich oft die Vorstellung vom jetzigen und vom früheren Zustand. Bei Homer ist mir von alle dem nur ein Beispiel bekannt, das aber durch die ganze griechische Poesie wiederkehrt: ὡς δ'ὅτε Πανδαρέου κούρη, χλωρηῒς Ἀηδών | καλὸν ἀείδησιν ἔαρος νέον ἱσταμένοιο, | δενδρέων ἐν πετάλοισι καθεζομένη πυκινοῖσιν, | ἥτε θάμα τρωπῶσα χέει πολυηχέα φωνήν ; παῖδ' ὀλοφυρομένη Ἴτυλον φίλον, ὅν ποτε χαλκῷ κτεῖνε δι' ἀφραδίας, κοῦρον Ζήθοιο ἄνακτος, | ὣς καὶ ἐμοὶ δίχα θυμὸς ὀρώρεται ἔνθα καὶ ἔνθα: so sagt

---

* Gitlbauer Philol. Streifzüge I 1—30 (über den νήδυμος ὕπνος bei Homer) scheint mir in der Ausdehnung der Annahme persönlicher Auffassung viel zu weit zu gehen, wenn er z. B. K 25 schreibt οὐδὲ γὰρ αὐτῷ Ὕπνος (als Person!) ἐπὶ βλεφάροισιν ἐφίζανε.

Penelope zu Odysseus τ 518 ff. Nur ist hier der Unterschied gegen das vorher besprochene hervorzuheben, dass in der Phantasie der Hellenen die Nachtigall in der That identisch mit der ehemaligen Aëdon ist; nur die körperliche Gestalt ist eine andere.

Homerische Epigramme.

Hier müssen auch die Stellen aus den homerischen Epigrammen angeknüpft werden, da sie chronologisch nirgends sicher einzureihen sind*.

Ganz nach homerischem Vorbild (Φ 2) ist *ep. 1* gesagt: ἀμβρόσιον πίνοντες ὕδωρ ζαθέου ποταμοῖο Ἕρμου δινήεντος, ὃν ἀθάνατος τέκετο Ζεύς.

Der Begriff der Stadt ist mit der Vorstellung der Stadtgöttin vermischt im selben Epigramm: οἳ πόλιν αἰπεινήν, Κύμην, ἐριώπιδα κούρην, ναίετε, was man gern als besonders klares Beispiel einer derartigen Vermischung der Vorstellungen anführt.

Ebenso *epigr. 4*: Οἴῃ μ᾽ αἴσῃ δῶκε πατὴρ Ζεὺς κύρμα γενέσθαι, | νήπιον αἰδοίης ἐπὶ γούνασι μητρὸς ἀτάλλων, | ἥν ποτ᾽ ἐπύργωσαν βουλῇ Διὸς αἰγιόχοιο | λαοὶ Φρίκωνος, μάργων ἐπιβήτορες ἵππων, | ὁπλότεροι, μαλεροῖο πυρὸς κρίνοντες Ἄρηα**, Αἰολίδα Σμύρνην.

---

* Aus Sittl Gr. Littg. I 55 kann man sehen, wie wenig wir über den Ursprung dieser Gedichte sagen können.

** Diesen Vers befriedigend zu erklären, bin ich nicht imstande.

Fragmente der Epiker*.

Hier ist natürlich die Überlieferung ganz spärlich und zufällig.

"Ἄρης. *Panyas. Heracl. fr. 12 v. 6:* θαρσάλεοι τελέθουσι μένουσί τε θοῦρον Ἄρηα. Homer sagt μένει ὀξὺν Ἄρηα Λ 836 (p. 15). Θοῦρος ist bei Homer Epitheton des Gottes Ares; da dies hier auf das appellativ gebrauchte Nomen übertragen wird, so haben wir hier das Gegenstück zu der bekannten Erscheinung, dass das Epitheton des Gegenstands der Person beigelegt wird.

Ἐρινύς. *Thebais fr. 2 v. 7:* αἶψα δὲ παισὶν ἑοῖσι μετ' ἀμφοτέροισιν ἐπαρὰς | ἀργαλέας ἠρᾶτο (Oedipus). θεὸν δ'οὐ λάνθαν' Ἐρινύν. Meineke zu Athen. XI 465 E schreibt θεῶν. Die Überlieferung kann allerdings unmöglich richtig sein. Meineke scheint an eine Bedeutung »Rache der Götter« zu denken. Aber es wird damit eine unhomerische Vorstellung eingeführt. Auch persönliche Auffassung von ἐρινύν in der Meinekeschen Lesart ist bedenklich: Sophokles sagt allerdings — was Meineke für sich hätte anführen können — *Ant. 1074* τούτων σε λωβητῆρες ὑστεροφθόροι | λοχῶσιν Ἅιδου καὶ θεῶν Ἐρινύες. Aber bei Homer bezeichnet der Genitiv bei Ἐρινύες stets die Person, die durch die Erinyen gerächt werden soll (s. die oben p. 21 angeführten Beispiele). Rohde schlägt vor θεῶν in θοὴν zu ändern.

Flussgott. *Asius fr. 1* Ἀντιόπη ... Ἀσώπου θυγάτηρ βαθυδινήεντος ist ganz homerisch.

Danais fr. 1 καί τοτ' ἄρ' ὡπλίζοντο θοῶς Δαναοῖο θύγατρες | πρόσθεν εὐρρεῖος ποταμοῦ Νείλοιο ἄνακτος ist ebenfalls homerische Mischung der Vorstellungen**.

---

* Kinkel, *epicorum graecor. fragmenta vol. I.*

** Die beiden Verse geben keinen befriedigenden Sinn: Was soll ποταμοῦ πρόσθεν? aber auch Köchlys Vorschlag *(coniect. epic.* I 11 = *opusc.* I 231) θύγατρες mit ἄνακτος zu vertauschen, löst die Schwierigkeit nicht. Wenn — wie wohl richtig angenommen wird — von den Danaiden die Rede ist, so klingt es doch gar zu modern, wenn diese Töchter des Nil genannt werden.

Hesiod*.

Metonymischer Gebrauch von Götternamen findet sich bei Hesiod nicht. Wie *fr. 24 Göttl.* (bei Plinius überliefert) griechisch gelautet hat, können wir nicht wissen.

Dagegen ist *Vermischung der Vorstellungen* besonders häufig. Dies ist begreiflich: Hesiod führt in sein theogonisches System noch mehr Naturgottheiten und Personifikationen von ethischen Begriffen ein, und ihre epischen Beiwörter sind die, die dem Gegenstande schon bei Homer beigelegt werden.

Οὐρανὸς ἀστερόεις: appellativ wie bei Homer *Th.* 414, 685, 737, 808. Dagegen heisst der Gott so 106, 127, 463, 470, 891.

Οὐρανὸς εὐρύς: appellativ *Th.* 110, 373, 517, 679, 702; als Eigenname 45.

Hinzugefügt sei μέγας Οὐρανός (Gott) 176, 208. Besonders lehrreich ist *Th.* 176 f.: ἦλθε δὲ νύκτ' ἐπάγων μέγας Οὐρανός, ἀμφὶ δὲ Γαίῃ | ἱμείρων φιλότητος ἐπέσχετο καί ῥ' ἐτανύσθη πάντῃ.

Γαῖα hat das Epitheton πελώρη, das gewiss von der Beschaffenheit der Erde hergeleitet ist: *Th.* 159, 173, 479, 505, 821, 858. V. 116 ἦτοι μὲν πρώτιστα Χάος γένετ', αὐτὰρ ἔπειτα | Γαῖ' εὐρύστερνος, πάντων ἕδος ἀσφαλὲς αἰεί. *Th.* 126 ist die Göttin und die Erde eng verknüpft: Γαῖα δέ τοι πρῶτον μὲν ἐγείνατο ἴσον ἑαυτῇ | Οὐρανὸν ἀστερόενθ', ἵνα μιν περὶ πάντα καλύπτοι, | ὄφρ' εἴη μακάρεσσι θεοῖς ἕδος ἀσφαλὲς αἰεί. | γείνατο δ' Οὔρεα μακρά, θεῶν χαρίεντας ἐναύλους | Νύμφεων, αἳ ναίουσιν ἀν' οὔρεα βησσήεντα. | ἡ δὲ καὶ ἀτρύγετον πέλαγος τέκεν οἴδματι θῦον Πόντον, ἄτερ φιλότητος ἐφιμέρου, αὐτὰρ ἔπειτα Οὐρανῷ εὐνηθεῖσα (jetzt wird sie ganz zur Göttin!) τέχ' Ὠκεανὸν βαθυδίνην, | Κοῖόν τε Κρεῖόν θ' Ὑπερίονά τ' Ἰαπετόν τε | Θείαν τε Ῥείαν τε Θέμιν τε Μνημοσύνην τε | Φοίβην τε χρυσοστέφανον

---

* Fragmente nach Rzach. Pochop, die poet. Diktion des Hesiod, Progr. von Mährisch-Weisskirchen 1881 war mir nicht zugänglich; nach der Rezension von Peppmüller Phil. Rundschau 1882 p. 97 giebt er ein Verzeichnis der Tropen und Figuren bei Hesiod.

Τηθύν τ' ἐρατεινήν. Einmal hält auch der Dichter die Göttin Gaia und die Erde auseinander, *Th.* 479 ff.: Es nahm den neugeborenen Zeus Γαῖα πελώρη ... κρύψεν δέ ἑ χερσὶ λαβοῦσα ... ὑπὸ κευθεσι γαίης. Vgl. *Hymn.* XXX 1 und oben p. 14. Gaia ist also eine nicht unbedingt an die Erde gebundene Persönlichkeit.

Νύξ kommt bei Homer nur einmal als Göttin vor (ob. p. 30) bei Hesiod oft, doch hält er sich an die bei Homer der Nacht beigelegten Epitheta. Νὺξ ἐρεβεννή *op.* 17, *Th.* 214. Νὺξ μέλαινα: appellativ *Th.* 788; als Göttin 20, 124. Νὺξ δνοφερή als Göttin *Th.* 107.

Eine Redeweise, für die Homer keine Analogie bietet, tritt hier zum ersten Male auf *op.* 763 f.: φήμη δ'οὔτις πάμπαν ἀπόλλυται, ἥντινα πολλοὶ | λαοὶ φημίξωσι· θεός νύ τίς ἐστι καὶ αὐτή. Was anfangs reiner Begriff war, wird dem Dichter unter der Hand zur Gottheit.

Schon bei Homer beobachtete Eigentümlichkeiten treten auf bei

Ἥλιος. *Th.* 760 (cf. λ 15); *Th.* 958 υἱὸς φαεσιμβρότου Ἠελίοιο (vgl. κ 138).

Th. 19 besingen die Musen Ἥλιόν τε μέγαν λαμπράν τε Σελήνην, | Γαῖάν τ' Ὠκεανόν τε μέγαν καὶ Νύκτα μέλαιναν | ἄλλων τ' ἀθανάτων ἱερὸν γένος αἰὲν ἐόντων. Ὠκεανός. *Th.* 133 Οὐρανῷ εὐνηθεῖσα τέκ' Ὠκεανὸν βαθυδίνην. 242 (= 959), 265, 776. Πόντος ἄλμυρος als Gott 107, vgl. 131.

Umgekehrt heisst der Ozean κλυτός Ὠκεανός 215; 274, 294 πέρην κλυτοῦ Ὠκεανοῖο, wie der Gott selbst 288 genannt ist.

Flussgötter. *Th.* 337 Τηθὺς ποταμοὺς τέκε δινήεντας. Vgl. 367 f.

Στὺξ ἄφθιτος Ὠκεανίνη 389, 397.

In Tiere oder Gestirne verwandelte Menschen:

Op. 568 Πανδιονὶς χελιδών. 383 Πληιάδων Ἀτλαγενέων ἐπιτελλομενάων. 598 φανῇ σθένος Ὠρίωνος. Vgl. *fr.* 12; 14.

An Hesiod anschliessen müssen wir die Betrachtung der philosophischen Lehrdichtung der Blütezeit.

Das philosophische Lehrgedicht*.
(Empedokles.)

In den Resten des Xenophanes und Parmenides, auch in den sympotischen Elegieen des ersteren, findet sich keine Spur des metonymischen Gebrauchs von Götternamen. Ob dies Zufall ist oder mit den Anschauungen des Xenophanes von der Gottheit zusammenhängt, das können wir nicht beantworten.

Empedokles bezeichnet den von ihm eingeführten kosmogonischen Begriff der Φιλότης gern auch mit 'Αφροδίτη und Κύπρις.

v. 81—85, von Νεῖκος und Φιλότης redend, sagt er von letzterer: γηθοσύνην καλέοντες ἐπώνυμον ἠδ' 'Αφροδίτην. Und er selbst nennt sie ohne weiteres so v. 265 ὡς δ' αὔτως ὅσα κρᾶσιν ἐπαρκέα μᾶλλον ἔασιν, | ἀλλήλοις ἔστερκται, ὁμοιωθέντ' 'Αφροδίτῃ. Vgl. συναρμοσθέντ' 'Αφροδίτῃ v. 280; Κύπρις nennt er die Φιλότης v. 285, 305; vgl. noch 206, 331.

Es liegt hier nicht geradezu Metonymie vor. Dem Empedokles ist die Φιλότης eine nahezu göttliche Kraft; diese nennt er, der Anschauung der Volksreligion entgegenkommend, 'Αφροδίτη. Aber dadurch, dass die Φιλότης eben doch eine nicht individuell ausgebildete Kraft ist, die nun mit dem Namen der Göttin bezeichnet wird, ist der empedokleische Gebrauch des Namens dem metonymischen sehr nahe verwandt.

Auch rein metonymischer Gebrauch des Götternamens ist Empedokles nicht fremd. Eins seiner vier Elemente ist das Feuer; und dies nennt er auch ″Ηφαιστος. Hierin müssen wir genau den homerischen Gebrauch wieder erkennen, ohne jeden philosophischen Nebensinn.

v. 204 Ἡ δὲ χθὼν τούτοισιν ἴση συνέκυρσε μάλιστα | 'Ηφαίστῳ τ' ὄμβρῳ τε καὶ αἰθέρι παμφανόωντι | Κύπριδος ὁρμισθεῖσα τελείοις ἐν λιμένεσσιν.

v. 211 ἡ δὲ χθὼν ἐπίηρος ἐν εὐτύκτοις χοάνοισιν | τὰ δύο τῶν ὀκτὼ μερέων λάχε νήστιδος Αἴγλης, | τέσσαρα δ' 'Ηφαίστοιο.

* Verse nach Mullach *fr. philosoph. graecor.*

τὰ δ' ὀστέα λευκὰ γένοντο, | ἁρμονίης κόλλησιν ἀρηρότα θεσπεσίῃσιν.

Den Äther nennt Empedokles einmal Τιτάν, indem er αἰθήρ hinzufügt: v. 233 ff. εἰ δ' ἄγε τοι λέξω πρῶθ' ἥλιον ἀρχήν, | ἐξ ὧν δὴ ἐγένοντο τὰ νῦν ἐσορώμενα πάντα, | γαῖά τε καὶ πόντος πολυκύμων, ἠδ' ὑγρὸς ἀήρ, | Τιτὰν ἠδ' αἰθὴρ σφίγγων περὶ κύκλον ἅπαντα*.

Τιτάν heisst später die Sonne (es ist ursprünglich Beiname des Helios), besonders oft bei den Römern. In der Bedeutung »Luft« scheint es hier vereinzelt dazustehen.

Μοῦσα v. 106 kann ganz gut persönlich aufgefasst werden: ὡς δὲ παρ' ἡμετέρης κέλεται πιστώματα μούσης, | γνῶθι, διατμηθέντος ἐνὶ σπλάγχνοισι λόγοιο.

In ἄ-μουσος ist der zweite Bestandteil metonymischer Bedeutung: 255 φῦλον ἄμουσον ἄγουσα πολυσπερέων καμασήνων (e. Art Fische).

Orakelverse**.

Hier am besten reihen sich die Beispiele aus Orakelversen ein, die aus der voralexandrinischen Zeit stammen, und die ja alle im epischen Stil gehalten sind.

Ἄρης. Herod. VII 140, Hendess n. 111: κατὰ γάρ μιν ἐρείπει | πῦρ τε καὶ ὀξὺς Ἄρης Συριηγενὲς ἅρμα διώκων***. Das Orakel ist aus dem J. 480.

* Die Überlieferung der ersten beiden Verse ist sicher fehlerhaft; s. Mullach z. d. St., wo die kritischen Versuche zusammengestellt sind. Dass Τιτάν hier die Sonne bedeute, wie später, ist aus grammatischen wie sachlichen Gründen unmöglich.

** Hendess, *oracula graeca quae apud scriptores graecos Romanosque extant* in *diss. Halenses* Bd. 4. Halle 1880. — G. Wolff, *Porphyrii de philosophia ex oraculis haurienda librorum reliquiae*, 1856, wo andere Orakel zusammengestellt sind, war mir nicht zugänglich.

*** Das Orakel, das nach Pausan. IV 12,3 Aristodemos erhalten hat (in v. 3 Ἄρης), entzieht sich wegen verderbter Überlieferung unserer Beurteilung.

Δημήτηρ. Herod. VII 141, Hend. n. 112: ὢ θείη Σαλαμίς, ἀπολεῖς δὲ σὺ τέκνα γυναικῶν | ἤ που σκιδναμένης Δημήτερος ἤ συνιούσης. Das Orakel ist ebenfalls aus den J. 480*.

Mischung der Vorstellungen: *Herod. VIII 77*, Hend. n. 110 δῖα Δίκη σβέσσει κρατερὸν Κόρον, Ὕβριος υἱόν. In der κυρία λέξις kann man κόρον σβεννύναι nur appellativ verstehen. Κόρος ist aber hier Personifikation; also wird die unpersönliche Vorstellung von der persönlichen durchkreuzt.

Die voralexandrinischen Lyriker (ausser Pindar)**.

Da von keinem Lyriker ausser Pindar so viel erhalten ist, dass eine Zusammenstellung der bei jedem einzelnen Dichter sich findenden Fälle ein Bild von dem Sprachgebrauch desselben gewähren würde, so wollen wir wenigstens versuchen zu ermitteln, welche Bedeutung die gesammte Lyrik der klassischen Zeit für die Entwicklung des metonymischen Gebrauchs von Götternamen hat. So werden wir denn den ganzen Stoff nach den einzelnen Götternamen gruppieren:

1. Ἄρης.

   a. Ἄ. = Kampf, Krieg, Schlacht.

Diese Bedeutung, bei Homer die einzige metonymische, überwiegt in der Lyrik wie auch späterhin weit.

Tyrt. 11,7 ἴστε γὰρ Ἄρηος πολυδακρύου ἔργ᾽ ἀΐδηλα. Während wir Ἄρηος ἔργα bei Homer persönlich auffassten, ist es

---

* Das von Oinomaos bei Euseb. *pr. ev.* V 34 angeführte Orakel (Hend. n. 120 b), in welchem es heisst: εἰς πάτρην φυγάδας κατάγων Δήμητραν (Getreide) ἀμήσεις erfolgt im Zusammenhang mit einer Geschichte, die zur Zeit des Oinomaos passiert zu sein scheint, gehört also nicht in die von uns zu betrachtende Periode.

** Bergk, *P. L. Gr.*⁴ II, III. Kaibel, *epigrammata graeca ex lapidibus collecta*.

hier metonymisch zu nehmen wegen des Zusatzes πολυδακρύου, das bei Homer nur bei zweifellos metonymischer Bedeutung steht (oben p. 15).

Pisander Grabschrift auf *Hippaemon* ὤλετο δ' ἐν προμάχοις ὀξὺν Ἄρη ξυνάγων. Einfache Weiterbildung des homerischen Ἄρηα συνάγειν, was bei Homer kein Epitheton hat, durch Hinzufügung des homerischen sonst vorkommenden Epitheton ὀξύς.

Simonides ep. 140 τόνδε ποθ' Ἕλληνες νίκης κράτει ἔργῳ Ἄρηος ... ἱδρύσαντο Διὸς βωμὸν ἐλευθερίου.

Kaibel n. 752 (fünftes Jahrhundert) Παρθένῳ Ἐκφάντου με πατὴρ ἀνέθηκε καὶ υἱός | ἐνθάδ' Ἀθηναίῃ μνῆμα πόνων Ἄρεως | Ἡγέλοχος. Bei einem Weihgeschenk an Athene wäre es gewissermassen unhöflich, zu bemerken, dass es zum Andenken an die Mühen des Ares sei. Es muss daher "A. metonymisch gefasst werden: an den Gott Ares ist durchaus nicht gedacht; das Wort ist wie ein Appellativum gefühlt. Man sieht hier also deutlich, wie sehr abgegriffene Münze Ἄρης in metonymischem Gebrauch ist.

Epigramm auf die Eroberung von Eïon, *Plut. Kim. 7*: λιμόν τ' αἴθωνα κρατερόν τ' ἐπάγοντες Ἄρηα.

Semonid. Amorg. 1: τοὺς δ' Ἄρει δεδμημένους πέμπει μελαίνης Ἀΐδης ὑπὸ χθόνος. Ἄρει könnte auch für ὑπ' Ἄρεος persönlich stehen.

Alcae. 30 τὸ γὰρ Ἄρευι κατθάνην κάλον.

Alcae. 31 μῖξαν δ' ἐν ἀλλάλοις Ἄρευα*.

b. "A. = Kriegsglück.

Vgl. das p. 13 zu ξυνὸς ἐννάλιος Bemerkte.

Archil. 62 ξυνὸς ἀνθρώποις Ἄρης.

c. "A. = Waffen.

Diese Bedeutung ist neu und scheint nie sehr gebräuch-

---

* Beide Fragmente werden wohl mit Recht von Seidler dem A. zugeschrieben. — *fr. 32*, das bei Strabo überliefert ist, Ἀλκαῖος σάος Ἄρει ἐνθάδ' οὐκυτὸν ἀληκτορὶν etc. können wir nicht verwerten. Ungriechisch ist, was Seidler versucht: Ἀλκαῖος σῶος Ἄρει, ἔντεα δ' οὐκί (ähnlich Bergk). Zu σῶος passt der Dativ Ἄρει nicht. Am ehesten geht noch Ἀλκαῖος σάος, ἀρήϊ' ἔντεα δ' οὐχί (Welcker).

lich gewesen zu sein. Zum ersten Male sehen wir sie angewendet

Alc. 15 πᾶσα δ' Ἄρῃ κεκόσμηται στέγα.

d. Ἄ. = Mut, Kraft zum Kampf.

Bacchyl. 36 θνάτοισι δ'οὐκ αὐθαίρετοι οὔτ' ὄλβος οὔτ' ἄκαμπτος Ἄρης οὔτε πάμφθερσις στάσις; etwa gleichzeitig tritt diese neue Bedeutung bei *Aeschyl. Ag. 79* (s. u. p. 57) auf. *Timotheus fr. 10* Ἄρης τύραννος, χρυσὸν δ' Ἑλλὰς οὐ δέδοικεν. Zur Erklärung vgl. *Plut. Ages. 14*, der die Stelle zitiert.

2. Ἥφαιστος.

Archil. 12 εἰ κείνου κεφάλην καὶ χαρίεντα μέλεα | Ἥφαιστος καθαροῖσιν ἐν εἵμασιν ἀμφεπονήθη.

3. Ἀφροδίτη, Κύπρις.

Der Beiname der Aphrodite, Κύπρις, der bei Homer noch ziemlich selten ist (Il. fünfmal, bloss in *E*; Odyssee einmal), wird seit der Blütezeit der Lyrik mit besonderer Vorliebe angewandt, zunächst um die Göttin selbst zu bezeichnen, dann auch in metonymischem Sinne, und auch im metonymischen Gebrauch überwiegt mit der Zeit Κύπρις weit Ἀφροδίτη. Bei den Lyrikern ist uns nur ein Beispiel und zwar erst aus dem 5. Jahrhundert bekannt, was wohl dem Zufall zuzuschreiben ist, denn die Lyrik bot ja vielfach Gelegenheit zur Anwendung dieses Namens.

Bacchyl. 27 Γλυκεῖ' ἀνάγκα σευομένα κυλίκων θάλπησι θυμόν, Κύπριδος δ' ἐλπὶς διαιθύσσει (δ' αἰθύσσει ist bei Athen. überliefert) φρένας ἀμμιγνυμένα Διονυσίοισι δώροις. So ist das berühmte Fragment bei Athenäus überliefert. Die vielen Emendationsversuche können wir beiseite lassen. Κύπριδος δ' ἐλπίς giebt jedenfalls einen guten Sinn: Κύπριδος ist *genitivus objectivus*.

4. Ἀΐδης.

Auch Ortsbestimmungen werden wie bei Homer so auch bei den Lyrikern und den Späteren mit Hülfe des persönlich genommenen Namens Ἀΐδης ausgedrückt: εἰς Ἀΐδεω *Solon 24,8*;

Theognis oft. ἐξ Ἀΐδεω *Theogn. 703* und sonst; πυλὰς Ἀΐδαο περῆσαι *Theogn. 427* nach *E* 646, Ψ 71*.

Daneben kommt immer mehr die Wendung εἰς Ἀΐδην auf, die wir im Hermeshymnus einmal getroffen hatten (oben p. 20), in der Ἀΐδης, wie wir sehen, den Ort bedeutet.

Tyrt. 12,38 ἔρχεται εἰς Ἀΐδην (dagegen *Sol. 24,8* ἔρχεται εἰς Ἀΐδεω).

Mimn. 2,14.

Erinna in der ἠλακάτῃ, *fr. 3* τοῦτό κεν εἰς Ἀΐδαν κενεὰ διανήχεται ἀχώ, | σιγᾷ δ'ἐν νεκύεσσι, τὸ δὲ σκότος ὄσσε κατέρρει.

Ausser diesem wenigen lässt sich aus den vorhandenen Lyrikerfragmenten nichts berichten. Denn *Anacr. 43,5* Ἀΐδεω γάρ ἐστι δεινὸς | μυχὸς, ἀργαλέη δ'ἐς αὐτὸν κάθοδος ist nicht hierher zu ziehen. Ἀΐδεω μυχός bedeutet nicht eine Ecke des Hades (der Unterwelt), sondern den Erdwinkel des Gottes Hades. So ist es auch zu verstehen *Aesch. Prom. 433* κελαινὸς Ἄιδος ὑποβρέμει μυχὸς γᾶς. Vgl. *Soph. Ai. 571* μεχρὶς οὐ μυχοὺς κίχωσι τοῦ κάτω θεοῦ. Ich werde folglich auch Stellen wie *Eur. Heraclid. 218* Ἄιδου τ'ἐρεμνῶν ἐξανήγαγεν μυχῶν πατέρα σόν ausser Acht lassen.

Nicht beurteilen können wir wegen zu verderbter Überlieferung *Erinna fr. 5 v. 2*, dessen Anstösse von Blass Rh. Mus. 29,151 zusammengestellt sind, und wegen zu fragmentarischer Erhaltung *Bacchyl. fr. 46.*

5. **Βάκχος (Βάκχιος, Βρόμιος).**

Mit Βάκχος tritt ein neues Glied in den Kreis der metonymisch gebrauchten Götternamen ein, und zwar kennen wir diesen Gebrauch in der voralexandrinischen Lyrik nur aus der **sympotischen Elegie und dem Dithyrambus** zur Zeit des peloponnesischen Krieges und später. Vor dieser Zeit scheint der Name metonymisch nicht gebraucht worden zu sein: denn auch in der Tragödie sehen wir ihn in dieser Zeit zum ersten Male auftreten. Und zwar, wie überhaupt die kürzeren Namen

---

* Theognis hält sich bei Ἀΐδης durchweg an den homerischen Gebrauch. Metonymisch gebrauchte Götternamen finden sich bei ihm überhaupt nicht.

Βάκχος, Βάκχιος, Βρόμιος* für Διόννσος immer geläufiger werden, so werden bei metonymischem Gebrauch gerade diese Namen verwendet.

Der metonymische Gebrauch des Namens Dionysos ist in der von uns zu betrachtenden Periode gar nicht zu belegen, wofern nicht das von *Cocondr. p. 233,26* angeführte Beispiel ἐπίσθη** Διονύσῳ κύπελλα aus dieser Zeit stammt, was wir nicht wissen können: unwahrscheinlich ist es nicht***. Es entspringt dies wohl einer Tendenz, längere Namen durch kürzere zu ersetzen: das gleiche sahen wir bei 'Αφροδίτη und Κύπρις (p. 39).

Vorstufen zu metonymischem Gebrauch von Βάκχος sind metaphorische Wendungen wie

Dion. Chalk. 5 καί τινες οἶνον ἄγοντες ἐν εἰρεσίῃ Διονύσου.

Timotheos 5 εἴκοσιν δὲ μέτρ' ἀνέχευεν ἔμισγε θ'αἷμα Βακχίου νεορρύτοισι δακρύοισι Νυμφᾶν.

Wenn der Wein Blut des Bakchos genannt wird, so ist kein grosser Schritt mehr bis zur Bezeichnung des Weins durch Βάκχος selbst.

Euenos 2 Βάκχου μέτρον ἄριστον, ὃ μὴ πολὺ μηδ' ἐλάχιστον. | ἔστι γὰρ ἢ λύπης αἴτιος ἢ μανίης. | Χαίρει κιρνάμενος δὲ τρισὶν Νύμφαισι τέταρτος. Der letzte Vers beruht auf dem Doppelsinn von Βάκχος als Gott und als Wein, und von Νύμφαι als Nymphen und als Wasser. Somit hat er metonymischen Gebrauch beider Namen zur Voraussetzung. Im ersten Vers kann Βάκχου persönlich oder appellativ aufgefasst werden. Ebenso verhält es sich an den zwei folgenden Stellen:

Kritias 7, v. 7 ...πλάστιγξ δ'ἡ χάλκου θυγάτηρ ἐπ' ἄκραισι καθίζῃ | κοττάβου ὑψηλαῖς κορυφαῖς Βρομίου ψακάδεσσιν.

---

* Die beiden letzteren Namen sind eigentlich Adjektiva (wie 'Εννάλιος), werden aber bald nicht mehr als solche gefühlt.

** Warum Boissonnade dieses seltene Wort durch ἐπλήσθη ersetzen wollte, ist nicht einzusehen. πιπίσκειν, πῖσαι heisst netzen: der aor. pass. (ἐμπισθὲν) findet sich noch Nic. *Ther.* 624.

*** Vgl. auch Eur. *El.* 497 (p. 79).

Philoxenos im δεῖπνον fr. 4 σὺ δὲ τάνδε Βακχίου | εὔδροσον πλήρη μετανιπτρίδα δέξαι. | πραΰ τί τοι Βρόμιος (der Gott!) γάνος τόδε δοὺς ἐπὶ τέρψιν πάντας ἄγει.

6. Νύμφαι.

Zugleich mit *Βάκχος* tritt *Νύμφαι* für Wasser (stets im Plural!) auf. Die beiden Stellen *Timoth. 5* und *Euenos fr. 2* sind soeben schon zur Sprache gekommen. Wie bereits ausgesprochen, setzt die letztere Stelle voraus, dass *Νύμφαι* neben der eigentlichen Bedeutung auch »Wasser« bedeuten kann.

Wir werden nicht fehl gehen, wenn wir annehmen, dass der Gebrauch von *N.* für Wasser geschaffen ist als Gegenstück zum Gebrauch vom *Βάκχος* für Wein.

7. Μοῦσα.

Jon von Chios 3 πρὶν μέν σ' ἑπτάτονον ψάλλον διὰ τέσσαρα πάντες | Ἕλληνες σπανίαν μοῦσαν ἀειρόμενοι.

Dionys. Chalk. 4 δεξιότης δὲ λόγου | Φαίακος μουσῶν ἐρέτας ἐπὶ σέλματα πέμπει. Hier ist μ. mehr persönlich; zu der seltsamen Metapher *μ. ἐρέτας* vgl. *fr. 5* desselben Dichters (s. o. p. 41): ἐν εἰρεσίῃ Διονύσου.

In der sog. melischen Lyrik ist μ. ziemlich häufig:

Terpander 6 ἔνθ' αἴχμα τε νέων θάλλει καὶ μῶσα λίγεια | καὶ δίκα εὐρυάγυια, καλῶν ἐπιτάρροθος ἔργων.

Alc. 58 οὐκέτ' ἐγὼ Λύκον | ἐν μοίσαις ἀλέγω.

Bakchyl. 28 οὐ βοῶν πάρεστι σώματ' οὔτε χρυσὸς οὔτε τάπητες, ἀλλὰ θυμὸς εὐμενής | μοῦσά τε γλυκεῖα καὶ Βοιωτίοισιν ἐν σκύφοισιν οἶνος ἡδύς.

Pratin. 5 μήτε σύντονον δίωκε μήτε τὰν ἀνειμέναν Ἰαστὶ μοῦσαν.

Timoth. 12 οὐκ ἀείδω τὰ παλαιά, | καινὰ γὰρ μάλα κρείσσω. | νέος ὁ Ζεὺς βασιλεύει, | τὸ πάλαι δ' ἦν Κρόνος ἄρχων. | ἀπίτω μοῦσα παλαιά. Der letzte Vers ist inhaltlich gleich v. 1.

Telestes im Ἀσκληπιός (fr. 2) Ἡ Φρύγα καλλιπνόων αὐλῶν ἱερῶν βασιλῆα, | Λυδὸν ὃς ἅρμοσε πρῶτος | Δωρίδος ἀντίπαλον μούσας νόμον αἰόλον ὀμφᾷ, | πνεύματος εὔπτερον αὔραν ἀμφιπλέκων καλάμοις.

Carm. popul. 8 Gesang der Phallophoren, von Semos bei Athenaeus 14,622 F überliefert (Zeit?) *Σοὶ Βάκχε τάνδε μοῦσαν ἀγλαΐζομεν.*

8. Ζεύς.

Alcman 48 οἷα Διὸς θυγάτηρ Ἔρσα τρέφει καὶ Σελάνας δίας. Ganz richtig führt Plutarch *Sympos. III 10,3* diese Verse mit den Worten ein: 'Ἀλκμὰν ὁ μελοποιὸς αἰνιττόμενος τὴν δρόσον λέγει ἀέρος θυγατέρα καὶ Σελήνης. Ohne Zweifel liegt hier nicht eine mythologische Genealogie vor (wie der gelehrte Comes Natalis *Myth.* III 255 die Stelle betrachtet), sondern Alkman will einfach ausdrücken, dass der Tau bei Nacht vom Himmel herabkommt; er thut dies αἰνιττόμενος, in allegorischer Weise, indem er Ἔρσα als Tochter des Zeus und der Selene bezeichnet. Liegt somit eine metonymische Bezeichnung des Himmels durch Ζεύς nicht vor, so setzt doch die Redeweise eine besonders innige Verknüpfung der Vorstellung vom Zeus und dem Himmel voraus, und wir müssen daher die Stelle als frühe Vorläuferin der späteren betrachten, an denen Zeus mit dem Himmel vollständig identifiziert wird.

In dem sehr verderbten *Fragment 6 des Anakreon* will Bergk herstellen Δία δ' ἄγριοι χείμωνες κατάγουσιν (nach *Hor. epod.* 13,2).

Man macht dagegen mit Recht geltend, dass eine vollständige Identifikation des Zeus mit dem Himmel in dieser Zeit noch nicht zulässig ist. Vgl. Kiessling zu der Horazstelle.

Götternamen, die sich mit der Bezeichnung des Gegenstands decken.

1. Γῆ.

Solon 36,3 ff.: Συμμαρτυροίη ταῦτ' ἂν ἐν δίκῃ χρόνου | ἄριστα Γῆ μέλαινα, τῆς ἐγώ ποτε | ὅρους ἀνεῖλον πολλαχῇ πεπηγότας· | πρόσθεν δὲ δουλεύουσα, νῦν ἐλευθέρα. Die Vorstellung von der Erdgöttin verknüpft sich hier aufs engste mit der der Erde.

Epicharm. 5 εἰμὶ νεκρός, νεκρὸς δὲ κόπρος, γῆ δ' ἡ κόπρος ἐστίν. | εἰ δέ τε γῆ νεκρός ἐστ', οὐ νέκρος, ἀλλά θεός. Wortspiel, auf dem Doppelsinn von Γῆ und γῆ beruhend.

2. Ὑγίεια.

Kritias 2, v. 19 ff. sagt vom Wein: καλῶς δ'εἰς ἔργ' Ἀφροδίτης, | πρὸς θ' ὕπνον ἥρμοσται, τὸν καμάτων λιμένα, | πρὸς τὴν τερπνοτάτην τε θεῶν θνητοῖς Ὑγίειαν. Ὑγίεια als Göttin wird in eine Linie gestellt mit den rein appellativen Worten ἔργ' Ἀφροδίτης und ὕπνος; der Begriff ὑγίεια wird dem Dichter unter der Hand zur Vorstellung von der Göttin. Vgl. den Wortwitz *Ar. Av. 606* πῶς δ'ὑγίειαν δώσομεν αὐτοῖς, οὖσαν παρὰ τοῖς θεοῖσιν.

3. Ἐλπίς.

Theogn. 1135 Ἐλπὶς ἐν ἀνθρώποις μούνη θεὸς ἐσθλὴ ἔνεστιν, | ἄλλοι δ' Οὐλύμπονδ' ἐκπρολιπόντες ἔβαν· | ᾤχετο μὲν πίστις, μεγάλη θεός, ᾤχετο δ' ἀνδρῶν | σωφροσύνη χάριτές τ', ὦ φίλε, γῆν ἔλιπον. | ὅρκοι δ'οὐκέτι πιστοὶ ἐν ἀνθρώποισι δίκαιοι, | οὐδὲ θεοὺς οὐδεὶς ἅζεται ἀθανάτους. | εὐσεβέων δ' ἀνδρῶν γένος ἔφθιται, οὐδὲ θέμιστας | οὐκέτι γινώσκουσ' οὐδὲ μὲν εὐνομίας. | ἀλλ' ὄφρα τις ζώει καὶ ὁρᾷ φάος ἠελίοιο, | εὐσεβέων περὶ θεοὺς, ἐλπίδα προσμενέτω, | εὐχόμενός τε θεοῖσι καὶ ἀγλαὰ μηρία καίων | Ἐλπίδι τε πρώτῃ καὶ πυμάτῃ θυέτω. Vermischung der appellativen ἐλπίς und der personifizierten Göttin*.

4. Ἀρετή.

Aristot. im Päan auf die Tugend *(fr. 6):* Ἀρετὰ πολύμοχθε γένει βροτείων, θήραμα κάλλιστον βίῳ, | σᾶς πέρι, παρθένε, μορφᾶς etc. Die zwei ersten Verse reden nur von dem Begriff der Tugend (beachte besonders θήραμα!), im dritten wird der Begriff zur Gottheit.

5. Λιμός.

Semonid. Am. 7,101 οὐδ' αἶψα λιμὸν οἰκίης ἀπώσεται (bis hierher ist kein Gedanke an eine Persönlichkeit), | ἐχθρὸν συνοικιστῆρα, δυσμενέα θεόν.

6. Οἶνος.

Jon von Chios sagt in einem Dithyrambus, *fr. 9* ...ἄδαμον παῖδα, ταυρωπόν, νέον οὐ νέον, ἥδιστον πρόπολον βαρυγδούπων

---

* Warum Bergk gerade im letzten Vers ausdrücklich ἐλπίδι klein schreibt, ist nicht einzusehen.

ἐρώτων, οἶνον ἀερσινόον. Es ist vom Wein die Rede: er wird der unbezwungene Sohn jemandes genannt; dann aber wird mit ταυρωπόν ein Epitheton eingeführt, das nicht auf den Wein, wohl aber auf den Weingott passt *(hymn. Orph. XXX 4* und in einem Hymnus *Anth. P. IX 524,20* heisst er so). Es wäre nicht unmöglich, dass Οἶνος direkt für Dionysos selbst steht, wie *Orphica fr. 202—204 Abel**. Da der Genitiv zu παῖδα fehlt, ist eine sichere Entscheidung unmöglich; vielleicht stand Ζηνός da. νέον οὐ νέον bezieht sich wohl auf die doppelte Vorstellung, die man sich von Bakchos machte, indem man ihn sich als Jüngling oder als reifen Mann dachte.

7. Sternbild und die gleichnamige menschliche Persönlichkeit.

Anacr. 99 ἀγχοῦ δ' Αἰγείδεω Θησέος ἐστι λύρη.

Pindar**.

1. Ἄρης.

a. Ἄ. = Krieg, Kampf.

Pyth. V 78 σὺν Ἑλένᾳ γὰρ μόλον | καπνωθεῖσαν πάτραν ἐπεὶ ἴδον | ἐν Ἄρει.

Isthm. IV (V) 43 καὶ νῦν ἐν Ἄρει μαρτυρήσαι κεν πόλις Αἴαντος ὀρθωθεῖσα ναύταις | ἐν πολυφθόρῳ Σαλαμὶς Διὸς ὄμβρῳ | ἀναρίθμων ἀνδρῶν χαλαζάεντι φίνῳ.

Ol. IX 76 ἐξ οὗ Θέτιος Φίννος οὐλίῳ νιν ἐν Ἄρει παραγορεῖτο μή ποτε | σφετέρας ἄτερθε ταξιοῖσθαι | δαμασιμβρότου αἰχμᾶς. Homer und die Lyriker sagen Ἄρει, »im Kampfe«. Die Präposition findet sich bei Pindar zuerst. οὐλίῳ ἐν Ἄρει geht auf das homerische οὖλος Ἄρης zurück, was aber dort persönlich gebraucht ist (*E* 461, 717).

---

* Eine Stelle, deren Kenntnis ich der Güte Rohdes verdanke.
** Pindar *ed.* Mommsen. Berl. 1864. Fragmente nach Bergk.

Pyth. X *12* τὸ δὲ συγγενὲς ἐμβέβακεν ἴχνεσιν πατρὸς | Ὀλυμπιονίκα δὶς ἐν πολεμαδόκοις | Ἄρεος ὅπλοις. Hippokles hatte als Hoplitodromos gesiegt; man fasst daher Ἄρεος ὅπλα am besten als »Kriegswaffen«. Eine persönliche Auffassung von Ἄρης, wie sie Rumpel hat, würde nicht richtig sein: es ist nicht von den Waffen des Ares die Rede.

Ol. XIII *21* ἐν δὲ (in Korinth) Μοῖσ' ἀδύπνοος, | ἐν δ' Ἄρης ἀνθεῖ νέων οὐλίαις αἰχμαῖσιν ἀνδρῶν. Hier ist Ἄ. mehr metonymisch zu fassen. Dass die Persönlichkeit leise durchscheint, will ich nicht leugnen. Ganz persönlich (Rumpel) lässt es sich unmöglich nehmen. Wahrscheinlich ist *Terpander fr. 6* (s. o. p. 42) Vorbild gewesen: die Bedeutung des Namens Ἄ. ist hier: »kriegerische Übung«.

Eine inhaltlich ähnliche Stelle ist

Ol. X *13* νέμει γὰρ Ἀτρέκεια πόλιν Λοκρῶν Ζεφυρίων, μέλει τέ σφισι Καλλιόπα | καὶ χάλκεος Ἄρης, wo aber die persönliche Bedeutung vorwiegt.

Isthm. V (VI) *53* Αἴαντα, λαῶν | ἐν πόνοις ἔκπαγλον Ἐνυαλίου. Die Interpretation der Scholien, der Mezger sich anschliesst, will λαῶν von ἔκπαγλον abhängig machen, so dass λ. ἔκπαγλος so viel wie ἔξαρχος τῶν ἄλλων ὄχλων ist. Ich glaube nicht, dass diese Konstruktion hier möglich ist und lasse vielmehr mit Boeckh und Dissen λαῶν wie Ἐνυαλίου von πόνοις abhängig sein. Ist dies richtig, dann wird Ἐν. besser nicht persönlich genommen, denn es wäre schwerfällig, wenn zwei Genitive zugleich von ἔκπ. abhiengen, die beide lebende Wesen — Ἐνυάλιος und λαοί — bezeichnen. Ἐν πόνοις Ἐνυαλίου gehört enger zusammen; davon ist dann λαῶν abhängig. Somit wäre Ἐνυάλιος hier metonymisch die Schlacht, vgl. πόνοι Ἄρεος *Kaibel n. 752* oben p. 38.

b. Ἄ. = Mord.

Pyth. XI *36* ἀλλὰ χρονίῳ σὺν Ἄρει | πέφνεν τε ματέρα θῆκέ τ' Αἴγισθον ἐν φοναῖς, vgl. *Ol.* II *42* ἔπεφνέ οἱ σὺν ἀλλαλοφονίᾳ γένος ἀρήϊον. Das Gedicht fällt in das 3. Jahr der 75. Olympiade und liegt somit allen erhaltenen Stücken des Aeschylus, der diese Bedeutung des Namens mit besonderer

Vorliebe anwendet (s. u. p. 57), voraus; daher ist diese Stellung der älteste Beleg für die Bedeutung »Mord«.

2. Ἥφαιστος.

Pyth. I 25 (Schilderung des unter den Aetna begrabenen Typhoeus): κεῖνο δ' Ἀφαίστοιο κρουνοὺς ἑρπετὸν | δεινοτάτους ἀναπέμπει. Ἀφαίστοιο wird hier wohl metonymisch stehen; vgl. kurz vorher *v. 21* ἀπλάτου πυρὸς παγαί.
Pyth. III 39 σέλας δ' ἀμφέδραμεν | λάβρον Ἀφαίστου. Ob hier Ἀφ. persönlich oder metonymisch steht, lässt sich nicht ausmachen. Beide Auffassungen sind zulässig. Einerseits sagt Homer πυρὸς σέλας (*T* 375 u. sonst), so dass Ἀ. ganz gut gleich πυρὸς sein kann. Andrerseits kommt σέλας auch in der Bedeutung von πῦρ, φλόξ selbst vor, kann also aufgefasst werden wie das homerische φλὸξ Ἡφαίστοιο (p. 18). — Übrigens mag die Wendung aus einer Art Kreuzung der beiden homerischen Wendungen φλὸξ Ἡφαίστοιο und πυρὸς σέλας hervorgegangen sein.

3. Ἀφροδίτα.

Ol. VI 35 (Euadna) ἔνθα τραφεῖσ' ὑπ' Ἀπόλλωνι γλυκείας πρῶτον ἔψαυσ' Ἀφροδίτας. Ἀ. hat ganz die homerische metonymische Bedeutung.

Isthm. II 1 Οἱ μὲν πάλαι, ὦ Θρασύβουλε, φῶτες, οἳ χρυσαμπύκων | ἐς δίφρον Μοισᾶν ἔβαινον κλυτᾷ φόρμιγγι συναντόμενοι, | ῥίμφα παιδείους ἐτόξευον μελιγάρυας ὕμνους, | ὅστις ἐὼν καλὸς εἶχεν Ἀφροδίτας | εὐθρόνου μνάστειραν ἀδίσταν ὀπώραν. An die Göttin Aphrodite schlechthin kann nicht gedacht sein; es ist Ἀ. mehr metonymisch, vgl. *Pyth. XII 23* κεφαλᾶν πολλᾶν νόμον, εὐκλεᾶ λαοσσόων μναστῆρ' ἀγώνων. Das Epitheton εὔθρονος kommt der Göttin zu; es liegt also eine Mischung der Vorstellungen vor.

Wir haben hier die ersten Fälle metonymischen Gebrauchs von Ἀ. seit Homer. Den für metonymischen Gebrauch bald so beliebten Namen Κύπρις hat Pindar überhaupt nur einmal, und zwar in nicht metonymischer Bedeutung.

4. Ἀΐδης.

Bei den anderen Lyrikern war uns lediglich die lokale Wendung εἰς Ἀΐδην öfter vorgekommen. Nun finden wir bei

Pindar den metonymischen Gebrauch von Ἀΐδης plötzlich reich entwickelt. Neben der Bedeutung »Unterwelt«, die in neuen Wortverbindungen auftritt, sehen wir die Bedeutung »Tod« bereits nicht selten vorkommen. In kühner Weise hat Pindar sogar einmal Ἀΐδης für »Grab, Grabmal« gesetzt, was ziemlich vereinzelt geblieben ist*. Doch ist es nicht wahrscheinlich, dass die Entwicklung der metonymischen Bedeutungen dieses Namens durch Pindar selbst einen Ruck nach vorwärts erfahren hat, sondern die Zwischenstufen zwischen ihm und den Vorhergehenden sind für uns eben nicht mehr nachweisbar.

a. Ἀ. = Unterwelt.

Isthm. I 59 εἰ δέ τις ἔνδον νέμει πλοῦτον κρυφαῖον, | ἄλλοισι δ'ἐμπίπτων γελᾷ, ψυχὰν Ἀίδᾳ τελέων οὐ φράζεται δόξας ἄνευθεν. Hier kann Ἀ. ebensogut als der Gott wie als die Unterwelt betrachtet werden; ich ziehe persönliche Auffassung vor. Eher lokal ist dagegen aufzufassen

Pyth. IV 43 εἰ γὰρ οἴκοι νιν (die ihm von dem Triton gereichte Erdscholle) βάλε πὰρ χθόνιον Ἄιδα στόμα Ταίναρον εἰς ἱερὰν Εὔφαμος ἐλθών; denn vom Munde des Hades redet doch hier Pindar nicht.

b. Ἀ. = Tod.

Diese Bedeutung kommt bei Pindar zum ersten Male vor, in dem auf einen vor der Schlacht bei Salamis errungenen Sieg gedichtetes Lied *Isthm. V (VI) 14*: τοίαισιν ὀργαῖς εὔχεται | ἀντιάσαις Ἀίδαν γῆράς τε δέξασθαι πολιὸν | ὁ Κλεονίκου παῖς.

Dann folgt *Ol. VIII 72* (Ol. 80. gedichtet) Ἀίδα τοι λάθεται | ἄρμενα πράξαις ἀνήρ.

Nem. VII 30 ἀλλὰ κοινὸν ἔρχεται | κῦμ' Ἀίδα, πέσε δ'ἀδόκητον ἐν καὶ δοκέοντα. Rumpel versteht hier unter Ἀ. den Tod, doch kann man das Wort gerade so gut persönlich fassen.

c. Ἀ. = Grab, Grabmal.

Pyth. V 88 (Ol. 78,3) μάκαρ μὲν ἀνδρῶν μέτα | ἔναιεν, ἥρως δ'ἔπειτα λαοσεβής. | ἄτερθε δὲ πρὸ δωμάτων ἕτεροι λαχόντες Ἀίδαν | βασιλέες ἱεροὶ ἐντί.

* In unserer Periode findet sich kein weiteres sicheres Beispiel; für die spätere Zeit vgl. Jacobs zur *A. P. vol.* XII p. 285.

5. *Δαίμων.*

Sehr gut lässt sich an diesem Wort die allmähliche Heranbildung der metonymischen Bedeutung als Geschick (gutes und böses) beobachten*. Eine Musterung der Stellen bei Pindar wird ergeben, dass abgesehen von den Stellen, wo *δαίμων* ganz persönlich verstanden ist, öfter die metonymische Bedeutung hereinspielt, aber nur an einer Stelle das Übergewicht bekommt. Erst in der Sprache der Tragödie erhält *δαίμων* — neben der ursprünglichen natürlich — vollständig metonymische Bedeutung. Lehrs (Popul. Aufs.[2] 143) hat mit Recht hervorgehoben, dass *δαίμων* (bei Homer jedenfalls) die Gottheit in ihrer Einwirkung auf das Schicksal des Menschen bedeutet, und dann das Schicksal, in dem sich diese Einwirkung äussert. Dies trifft auch bei Pindar stets zu. Boeckh und Dissen sind in ihren Bemerkungen zu den einzelnen Stellen gar zu sehr geneigt, *δαίμων* mit *Fortuna* u. a. wiederzugeben. Mit viel mehr Recht hält Lehrs a. a. O. 189 ff. fest, dass *δαίμων* immer möglichst persönlich aufzufassen sei.

So fasse ich ganz persönlich:

Pyth. III 34 δαίμων δ' ἕτερος | ἐς κακὸν τρέψας ἐδαμάσσατό νιν.

Nem. V 14 αἰδέομαι μέγα εἰπεῖν ἐν δίκᾳ τε μὴ κεκινδυνευμένον, | πῶς δὴ λίπον εὐκλέα νᾶσον, καὶ τίς ἄνδρας ἀλκίμους | δαίμων ἀπ' Οἰνώνας ἔλασεν. Der Dämon, der die beiden Brüder Telamon und Peleus vom Aegina vertrieb, ist eben der, unter dessen Einfluss sie ihren Bruder ermordet hatten. Man übersetze nicht: *quae tristis fortuna* (Dissen bei Boeckh).

Ol. XIII 101 εἰ δὲ δαίμων γενέθλιος ἕρποι, | Ἐνυαλίῳ τ' ἐκδώσομεν πράσσειν. | Δὶ τοῦτ'

Pyth. III 108 τὸν δ' ἀμφέποντ' αἰεὶ φρασὶν | δαίμον' ἀσκήσω κατ' ἐμὰν θεραπεύων μαχανάν.

Ol. XIII 25 Ζεῦ πάτερ, ... τόνδε λαὸν ἀβλαβῆ νέμων | Ξενοφῶντος εὔθυνε δαίμονος οὖρον.

---

* Das umgekehrte Verhältnis findet beim latein. *numen* statt: es bedeutet ursprünglich die Wirksamkeit des Gottes, daraus hat sich dann die Bedeutung der wirksamen Gottheit herangebildet. Vgl. Lehrs, Gott, Götter und Dämonen, Pop. Aufs.[2] 145.

Metonymische Auffassung ist dann zulässig:

Pyth. V *114 Διός τοι νόος μέγας κυβερνᾷ | δαίμον' ἀνδρῶν φίλων*, wie denn auch Dissen übersetzt: *Jovis utique mens regit fortunam hominum dilectorum;* doch warum sollte Zeus nicht den Dämon der ihm lieben Männer beherrschen (denn jeder Mensch hat seinen eigenen *δαίμων*)?

Dagegen *Isthm.* VI *(VII) 41 ἕκαλος ἔπειμι γῆρας ἔς τε τὸν μόρσιμον | αἰῶνα. θνάσκομεν γὰρ ὁμῶς ἅπαντες· δαίμων δ'ἄϊσος* wird man besser thun, *δαίμων* metonymisch als »Geschick« aufzufassen.

6. *Μοῖσα*.

Die metonymische Bedeutung dieses Namens findet Pindar bei seinen Vorgängern ganz ausgebildet vor. Die Muse steht bei Pindar regelmässig in enger Beziehung zu seinem Lied. Dies äussert sich namentlich darin, dass die Muse in diesem Sinn in einer Reihe prachtvoller und kühner metaphorischer Wendungen erscheint. Vgl. Rauchenstein, zur Einleitung in Pindars Siegeslieder S. 114 und Lübbert, *de Pindari elocutione. diss.* Halle 1853 p. 45.

So erscheint auch *Μοῖσα* nicht selten für das Lied selbst bei Pindar.

Persönlich fasst man richtiger *Pyth.* IV' *67 ἀπὸ δ'αὐτὸν ἐγὼ Μοίσαισι δώσω*.

Die Mitte zwischen persönlicher und metonymischer Bedeutung hält *Μοῖσα* an folgenden vier Stellen:

Ol. X *13 νέμει γὰρ Ἀτρέκεια πόλιν Λοκρῶν Ζεφυρίων, μέλει δέ σφισι Καλλιόπα καὶ χάλκεος Ἄρης*. Vgl. oben p. 46.

Pyth. X *37* schildert das Leben der Hyperboreer: *Μοῖσα δ'οὐκ ἀποδαμεῖ | τρόποις ἐπὶ σφετέροισι· παντᾷ δὲ χοροὶ παρθένων | λυρᾶν τε βοαὶ καναχαί τ' αὐλῶν δονέονται.*

fr. 1 ταμίαι τε σοφοὶ Μοισᾶν ἀγωνίων τ'ἀέθλων. Da *ἀγωνίων ἄεθλ*. objektiver Genitiv ist, so muss man *Μοισᾶν* auch als solchen auffassen (nicht als *genitivus subjectivus!*); dann ist es eher metonymisch.

Ol. XIII *21 ἐν δὲ Μοῖσ' ἀδύπνοος, | ἐν δ' Ἄρης ἀνθεῖ νέων οὐλίαις αἰχμαῖσιν ἀνδρῶν*. Vgl. oben p. 46. An dieser Stelle nähert sich von den angeführten am meisten *M.* der metonymischen Bedeutung, die zweifellos vorliegt in folgenden Fällen:

fr. 199 ἔνθα (in Sparta) βουλαὶ γερόντων καὶ νέων ἀνδρῶν ἀριστεύοισιν αἰχμαί, καὶ χόροι καὶ Μοῖσα καὶ ἀγλαΐα. Vgl. *Terpander fr. 6* (p. 42) und die vorige Stelle.

Nem. III 28 Αἰάκῳ σε φαμὶ γένει τε Μοῖσαν (τὸν ὕμνον Schol.) φέρειν.

Pyth. IV 279 αὔξεται καὶ Μοῖσα δι᾽ ἀγγελίας ὀρθᾶς.

Pyth. V 59 ὃ (Apoll) καὶ βαρειᾶν νόσων | ἀκέσματ᾽ ἄνδρεσσι καὶ γυναιξὶ νέμει, | πόρεν τε κίθαριν, δίδωσί τε Μοῖσαν οἷς ἂν ἐθέλῃ.

Pyth. V 104 θάρσος δὲ τανυπτέρος | ἐν ὄρνιξιν αἰετὸς ἔπλετο, | ἀγωνίας δ᾽, ἕρκος οἷον, σθένος. | ἔν τε Μοίσαισι ποτηνὸς ἀπὸ ματρὸς φίλας etc. Unverständlich ist, warum Rumpel *M.* hier persönlich fasst. Richtig bemerkt Dissen, dass *M.* hier in weiterem Sinn stehe und »musische Künste« bedeute.

(Pindar?) *fr. 198* οὔτοι με ξένον | οὐδ᾽ ἀδαήμονα Μοισᾶν ἐπαίδευσαν κλυταὶ | Θῆβαι. Auch dies fasst mit Unrecht Rumpel persönlich: δαήμων und ἀδαήμων werden regelmässig mit dem Genitiv der zu erlernenden Sache verbunden.

Götternamen, die sich mit der Bezeichnung des Objekts decken.

Oft ist es schwer bei Pindar die Grenze zu ziehen zwischen dem was hierher gehört und was nicht. Denn freilich liegt ja bei jeder Personifikation mehr oder minder der Thatbestand vor, dass die Vorstellung des Dinges und der persönlichen Gottheit sich vermischen, näher: dass die erstere in die zweite übergeht. Pindar nun wendet die Personifikation von Begriffen als Kunstmittel ganz besonders häufig an; und es würde sich wohl lohnen, die pindarischen Lieder nach dieser Seite hin einer genaueren Prüfung zu unterziehen. So müssten wir streng genommen Stellen heranziehen, von denen beispielsweise einige folgen mögen:

Pyth. II 42 ἄνευ ... Χαρίτων τέκεν γόνον. Dissen: *sine gratiis peperit, h. e. monstrosum partum edidit,* γόνον ἄχαριν.

Pyth. VIII 70 κωμῷ μὲν ἀδυμελεῖ Δίκα παρέστακε.
Ol. VIII 81 Ἑρμᾶ δέ θυγατρὸς ἀκούσαις Ἰφίων Ἀγγελίας.

Bei diesen Stellen aber ist charakteristisch, dass im sprachlichen Ausdruck die Personifikation konsequent festgehalten ist; die (notwendige) Vermischung der Vorstellungen zeigt sich nur in dem einen Wort, das eben die Personifikation ausmacht. Auf diese Erscheinung können wir nicht weiter achten, und es lohnt sich auch kaum, sie hier genauer zu verfolgen.

Wir wenden uns jetzt zu den Stellen, wo in den Worten eine wirkliche Durchkreuzung der einen Vorstellung durch die andere zum Ausdruck kommt.

1. Eos.

Nem. VI 52 φαεννᾶς υἱὸν ... Ἀόος. Nach Homer δ 188 Ἠοῦς φαεινῆς ἀγλαὸς υἱός.

2. Μήνα.

Ol. III 19 ἤδη γὰρ αὐτῷ πατρὶ μὲν βωμῶν ἁγισθέντων, διχόμηνις ὅλον χρυσάρματος | ἑσπέρας ὀφθαλμὸν ἀντέφλεξε Μήνα. Schol. ἡ σελήνη πλήρης οὖσα καὶ ὁλοκλήρῳ τῷ φωτὶ ... ἀντιλάμπουσα. ὅλον ὀφθαλμὸν ist die Mondscheibe; unmöglich ist darunter das Auge der Göttin wörtlich zu verstehen. (In der von Boeckh verglichenen Stelle *Ol. XI* 77 ἐν δ' ἕσπερον ἔφλεξεν εὐώπιδος σελάνας ἐρατὸν φάος möchte ich lieber Σελάνας gross schreiben: εὐῶπις ist Epitheton von Frauen; die Phrase ist wie φλόξ Ἡφαίστοιο zu fassen.)

3. Οὐρανός.

Nem. III 10 ἄρχε δ' Οὐρανῷ, πολυνεφέλᾳ κρέοντι θύγατερ, δόκιμον ὕμνον. So lasen Aristarch und Ammonios die Stelle, indem sie die Muse hier als Tochter des Uranos ansahen, wofür sie sich auf Alkman und Mimnermus beriefen. (*Mimn. fr. 13*). Die Stelle geht uns nur an, wenn die beiden richtig lasen[*]. Dann hat der Gott ein dem Himmel zukommendes Epitheton.

---

[*] Die übrigen Lesarten und die kritischen Versuche zu der Stelle s. bei Mommsen oder Bergk. Etwas sicheres lässt sich über den ursprünglichen Zustand dieser Stelle kaum ermitteln.

4. Γαῖα.
Pyth. IV 74 μάντευμα ... πὰρ μέσον ὀμφαλὸν εὐδένδροιο ῥηθὲν ματέρος.

5. Ἥβα.
Nem. VII 4 τεὰν (Eileithyias) ἀδελφεὰν ἐλάχομεν ἀγλαόγυιον Ἥβαν »tuam sororem consecuti sumus pubertatem« Boeckh. λαχεῖν kann eigentlich nur einen Accusativ der Sache bei sich haben: λαχεῖν ἥβαν; gemeint ist denn auch hier die »Jugend«. Andererseits ist aber Ἥβα wieder zur Göttin erhoben durch das Epitheton ἀγλαόγυιος und weil sie Eileithyias Schwester heisst. Also bedeutet Ἥβα hier zugleich die Jugend und die Göttin Hebe; wie Hebe lediglich als Göttin der Jugend, fast als blosse Personifikation derselben sich darstellt Ol. VI 57 τερπνᾶς ἐπεὶ χρυσοστεφάνοιο λάβεν καρπὸν Ἥβας; vgl. noch Pyth. IX 109 χρυσοστεφάνου ... Ἥβας καρπὸν ... ἀποδρέψαι.

6. Ὕπνος.
Pyth. IX 23 (Kyrene) τὸν δὲ σύγκοιτον γλυκὺν | παῦρον ἐπὶ γλεφάροις | ὕπνον ἀναλίσκοισα ῥέποντα πρὸς ἀῶ. ὕπνος ist der Schlaf (παῦρον! ἐπὶ γλεφάροις!), andererseits ist er durch das Wort σύγκοιτον zur Person erhoben.

7. Αἰδώς.
Nem. IX 33 αἰδὼς γὰρ ὑπόκρυφα κέρδει κλέπτεται, | ἃ φέρει δόξαν. Χρομίῳ κεν ὑπασπίζων παρὰ πεζοβόαις ἵπποις τε ναῶν τ᾽ ἐν μάχαις | ἔκρινας (Zeus ist angeredet) ἂν κίνδυνον ὀξείας ἀϋτᾶς, | οὕνεκεν ἐν πολέμῳ κείνα θεὸς ἔντυεν αὐτοῦ | θυμὸν αἱματὰν ἀμύνειν λοιγὸν Ἐνυαλίου. Der Begriff αἰδώς wird dem Dichter unter der Hand zur Gottheit.

8. Stadtnymphe und Stadt.
Verhältnismässig häufig findet sich bei Pindar die Erscheinung, dass der Begriff einer Stadt und der ihrer eponymen Nymphe konfundiert werden. Diese Erscheinung findet sich bei keinem vorher: denn ob der Fall, dem wir schon begegnet sind (p. 31), Κύμη im 1. homerischen Epigramm, vor Pindar zu setzen sei, wissen wir nicht. Es muss daran erinnert werden, dass Pindar es überhaupt liebt, eponyme Stadtgöttinnen einzuführen; es ist daher nichts natürlicher, als dass im Verlauf

der Rede Stadt und Nymphe dem Dichter manchmal in Eins zusammenfliessen, wie es Homer mit den Flussgöttern oft geht.* Diese Eigentümlichkeit ist schon ganz richtig beobachtet im *Schol. Ol. VII 13 (24)*, welches wir aber besser bei Gelegenheit dieser Pindarstelle unten betrachten werden, da es auf die Stelle besonders Bezug nimmt. Ähnlich *Schol. Pyth. IV 14 (25)***. Eustathius im Prooem. zu Pindar, § 24 p. 57 Tafel. Vgl. Goram, *Pindari imagines et translationes,* Philol. XIV p. 242.

a. Akragas.

Pyth. XII 1 ff. Αἰτέω σε, φιλάγλαε, καλλίστα βροτεᾶν πολίων, | *Φερσεφόνας ἕδος, ἅ τ' ὄχθαις ἔπι μηλοβότου* | *ναίεις Ἀκράγαντος ἐὔδμητον κολώναν, ὦ ἄνα,* | *ἵλαος ... δέξαι στεφάνωμα τόδε.*

b. Kyrene.

Pyth. IX 4 διωξίππου στεφάνωμα Κυράνας, τὰν ... Λατοΐδας ἅρπασ'. Mir scheint die Bemerkung des Schol. richtig: *εἰς τὴν ἡρωΐδα, ἀφ' ἧς τοὔνομα ἔλαβεν ἡ πόλις, μετάγει τὸν λόγον*. Boeckh und Dissen glauben, dass das Epitheton *διωξ*., eigentlich der Stadt zukommend, auf die Stadtgöttin übertragen sei, so dass also *Κυράνα* sogleich die Göttin bedeutet. Auch dies ist möglich.

c. Pitana.

Ol. VI 28 πρὸς Πιτάναν δέ παρ' Εὐρώτα πόρον δεῖ σάμερον ἐλθεῖν ἐν ὥρᾳ (bis hierher ist bloss von der Stadt die Rede, nun wird die eponyme Heroin eingeführt), *ἅ τοι ... λέγεται ... Εὐάδναν τεκέμεν*.

---

* Auf eine analoge Erscheinung macht mich Herr Prof. von Duhn aufmerksam. Um dieselbe Zeit oder etwas später beginnen auf Münzen statt der früheren Stadtgöttinnen Nymphenköpfe mit der gleichmässig für die Nymphe und für die Stadt geltenden Beischrift im Nominativ. Vgl. von Duhn Ztschr. f. Numism. III S. 34 ff. mit Taf. I 4—6.

** εἰώθασι δὲ οὗτοι συμπλέκειν τὰ τῶν χωρῶν ἢ τῶν πόλεων καὶ τὰ τῶν ἡρωΐδων ὀνόματα διακοινοποιοῦντες, οἷον (vgl. *fr. 195* S. 55)· εὐάρματε χρυσοχίτων, ἱερώτατον ἄγαλμα, Θήβα. τὸ μὲν γὰρ εὐάρματε τῆς πόλεως, τὸ δὲ χρυσοχίτων τῆς ἡρωΐδος.

d. Rhodos.

Ol. VII 13 τὰν ποντίαν ὑμνέων παῖδ᾽ Ἀφροδίτας, Ἀελίοιό τε νύμφαν, Ῥόδον. Bemerkenswert ist das Schol. dazu: σύνηθες τῷ Πινδάρῳ τὰ τῶν Νηρηΐδων ὀνόματα κατὰ τῶν πόλεων τῶν ὁμωνύμως λεγομένων τάττειν καὶ τοὔμπαλιν, ἔστι δὲ ὅτε συμπλέκειν, ὥσπερ καὶ νῦν. Ἀφροδίτης μὲν γὰρ λέγει τὴν ἡρωΐδα, ὅτι δὲ ποντίαν ὀνομάζει, τὴν νῆσον βούλεται δηλοῦν.

e. Theben.

fr. 195 εὐάρματε χρυσοχίτων, ἱερώτατον ἄγαλμα, Θήβα.

Ol. VI 84 ματρομάτωρ ἐμὰ Στυμφαλίς, εὐανθὴς Μετώπα (Heroin) πλάξιππον ἃ Θήβαν ἔτικτεν, τᾶς (der Stadt Theben) ἐρατεινὸν ὕδωρ πίομαι.

Die Tragiker.*

Aeschylus.

1. **Ἄρης.**

a. **Ἄρης** = Kampf, Krieg.

α) Vorausschicken müssen wir eine Anzahl Stellen, an denen Ares persönlich als Kampfgott, und zwar lediglich in seiner Beziehung zum Kampf gedacht ist, doch so, dass die Bedeutung oft in die metonymische des Kampfes hinüberspielt. In den von uns ans Ende gesetzten Stellen liesse sich für *Ἄρης* geradezu »Kampf« substituieren. Aeschylus liebt diese zwischen persönlicher und metonymischer Bedeutung schillernde Anwendung des Wortes. Besonders macht er in den Sieben gegen Theben davon Gebrauch, — sieben von den neun folgenden Stellen entstammen diesem Drama —, dem δρᾶμα Ἄρεως μεστόν, wie wir dies Stück auch in diesem Sinn mit Aristophanes (*ran.* 1021) nennen können.

Sept. 414 ἔργον δ᾽ ἐν κύβοις Ἄρης κρινεῖ.

---

* Dindorf, *poetae scenici graeci. ed. V.* Fragmente nach Nauck, *trag. gr. fr. ed. II.*

Suppl. 934 (Herold:) οὗτοι δικάζει ταῦτα μαρτύρων ὕπο | Ἄρης.

Sept. 944 πικρὸς δὲ χρημάτων κακὸς δατητὰς Ἄρης ἀρὰν πατρῴαν τιθεὶς ἀλαθῆ, wo Ἄρης den Kampf zwischen Eteokles und Polyneikes bedeutet.

Sept. 906 ἐμοιράσαντο δ'ὀξυκάρδιοι κτήμαθ', ὥστ' ἴσον λαχεῖν. διαλλακτῆρι δ'οὐκ ἀμεμφία φίλοις οὐδ' ἐπίχαρις Ἄρης.

fr. 100 ἀλλ' Ἄρης φιλεῖ | ἀεὶ τὰ λῷστα πάντα τἀνθρώπων στρατοῦ. Von den vielen zu dem verderbten Fragment vorgebrachten Verbesserungsvorschlägen stehe hier παντ' ἀπανθίζειν στρατοῦ (Kidd), was dem ursprünglichen Sinn gewiss entspricht.

Sept. 62 σὺ δ'ὥστε ναὸς κεδνὸς οἰακοστρόφος | φάρξαι πόλισμα, πρὶν καταιγίσαι πνοὰς | Ἄρεως· βοᾷ γὰρ κῦμα χερσαῖον στρατοῦ.

Sept. 113 κῦμα περὶ πτόλιν δοχμολοφᾶν ἀνδρῶν καχλάζει πνοαῖς Ἄρεος ὀρόμενον.

Sept. 412 σπαρτῶν ἀπ' ἀνδρῶν, ὧν Ἄρης ἐφείσατο ...

Sept. 244 τούτῳ γὰρ Ἄρης βόσκεται, φόνῳ βροτῶν.

β) Es folgen nun die Stellen, wo *Ἄ.* in zweifellos metonymischem Sinn »Kampf« bedeutet.

Suppl. 678 μηδέ τις ἀνδροκμὴς λοιγὸς ἐπελθέτω τάνδε πόλιν δαΐζων, | ἄχορον ἀκίθαριν δακρυογόνον Ἄρη βοάν τ' ἔκδημον ἐξοπλίζων. Schütz versteht Ἄρης von der Pest, da v. 664 schon gebetet war, dass der Krieg von Argos fernbleiben möge. Aber auch die Pest ist schon weggefleht v. 659. Und dass von Krankheit nicht die Rede sein kann, zeigen ausserdem die unmittelbar folgenden Worte: νούσων δ'ἐσμὸς ἀπ' ἀστῶν ἵζοι κρατὸς ἀτερπής. Also ist der ganze Satz vom Krieg oder vom Mord zu verstehen.

Suppl. 701 ξένοισι τ' εὐξυμβόλους, | πρὶν ἐξοπλίζειν Ἄρη, | δίκας ἄτερ πημάτων διδοῦεν.

Agam. 48 (Menelaos und Agamemnon) μέγαν ἐκ θυμοῦ κλάζοντες Ἄρη.

Agam. 1235 nennt Kassandra die Klytämnestra θύουσαν Ἅιδου μητέρ' ἄσπονδόν τ' Ἄρη | φίλοις πνέουσαν (unversöhnlichen Kampf, Kampf bis zum Tod).

Eum. 861 Athene zum Eumenidenchor: μήτ' ἐκζέουσ' ὡς καρδίαν ἀλεκτόρων | ἐν τοῖς ἐμοῖς ἀστοῖσιν ἱδρύσῃς Ἄρη | ἐμφύλιόν τε καὶ πρὸς ἀλλήλους θρασύν. Ἄρη beruht auf Emendation des Stephanus: ἱδρύσηι καρα steht im Mediceus, vgl. Κελτὸν ἀναστήσαντες Ἄρηα Kallim. h. Del. 173.

fr. 99 (Fragment des Κᾶρες auf einem Papyrus) v. 16 lautet in der Umschrift bei Nauck: αἰχμὴ δ'ἐξ Ἄρεως καθίκετο. Doch ist die Stelle zu verderbt, um uns von Nutzen zu sein.

Sept. 762 μεταξὺ δ'ἀλκὰ δι' ὀλίγου | τείνει πύργος ἐν εὑρει. Da schreibt Hermann mit sehr glücklicher Änderung ἐν Ἄρει.

b. Ἄρης = Kraft, Mut zum Kampf; Kraft.

Diese Bedeutung war uns einmal begegnet bei Bakchylides (p. 39), etwa gleichzeitig mit den äschyleischen Stellen.

Suppl. 749 γυνὴ μονωθεῖσ' οὐδέν· οὐκ ἔνεστ' Ἄρης.

Agam. 76 ὅ τε γὰρ νεαρὸς μυελὸς στέρνων | ἐντὸς ἀνάσσων | ἰσόπεσβυς· Ἄρης δ'οὐκ ἔνι χώρᾳ. Die letzten Worte sind gewiss verderbt: für uns indessen scheint das sicher zu stehen, dass Ἄρης οὐκ ἔνι bedeutet: »Keine Kraft wohnet inne«.

c. Ἄρης = Kriegs-, Heeresmacht.

Diese bald sehr beliebte Bedeutung tritt uns zum ersten Mal entgegen in den Persern (a. 472).

Pers. 85 ἐπάγει δουρικλύτοις ἀνδράσι τοξόδαμνον Ἄρη.

Pers. 949 klagt Xerxes: Ἰάνων γὰρ ἀπηύρα | Ἰάνων ναύφαρκτος | Ἄρης ἑτεραλκὴς | νυχίαν πλάκα κερσάμενος | δυσδαίμονά τ'ἀκτάν.

d. Ἄρης = Mord und Mörder.

Mit besonderer Vorliebe führt Aeschylus den Ares im Zusammenhang mit dem Mord, als den wilden Gott des Mordes — ob im Kriege oder nicht — ein. Absehen müssen wir dabei von den Stellen, an denen Ἄρης die Persönlichkeit des Gottes selbst in dieser Funktion bezeichnet. Dagegen metonymisch braucht Aeschylus den Namen, wenn vom Morde die Rede ist, in zweierlei Weise. Entweder bezeichnet Ἄρης den Mord, wie es uns einmal begegnet war, bei Pindar in einem Lied aus dem Jahr 478 (oben p. 46), oder es bedeutet »Mörder, Rächer«. Letzteres ist eine besondere

Eigentümlichkeit des Aeschylus. Übrigens dass ein Göttername metonymisch eine Persönlichkeit bedeutet, ist überhaupt selten.

α) *"Α.* = Mord.

Prom. 861 (von den Gatten der Danaiden:) θηλυκτόνῳ | Ἄρει δαμέντων νυκτιφρουρήτῳ θράσει.

Agam. 374 πέφανται δ' ἐγγόνους | ἀτολμήτων Ἄρη | πνεόντων μεῖζον ἢ δικαίως, | φλεόντων δωμάτων ὑπέρφευ | ὑπὲρ τὸ βέλτιστον. Eine sinnlos verderbte Stelle; doch genügt für uns, dass "Ἄρη πνεόντων dasteht. Vgl. *Ag. 1235* (p. 56) und *Sept. 52* σιδηρόφρων γὰρ θυμὸς ἀνδρείᾳ φλέγων | ἔπνει λεόντων ὡς Ἄρη δεδορκότων. Vgl. noch *Sept. 497* φόνον (φόβον *M*) βλέπων.

β) *"Α.* = Mörder, Rächer, Rachegeist.

Agam. 1505 ὡς μὲν ἀναίτιος εἶ | τοῦδε φόνου, τίς ὁ μαρτυρήσων; | πῶς πῶς; πατρόθεν δὲ συλλήπτωρ γένοιτ' ἂν ἀλάστωρ. | βιάζεται δ'ὁμοσπόροις ἐπιρροαῖσιν αἱμάτων | μέλας Ἄρης; etwa »der schwarze Rachegeist«.

Choeph. 159 ἴτω τις δορυσθενὴς ἀνὴρ ἀναλυτὴρ δόμων, | Σκυθικά τ' ἐν χεροῖν παλίντον' | ἐν ἔργῳ βέλη 'πιπάλλων Ἄρης | σχέδιά τ' αὐτόκωπα νωμῶν ξίφη. Auch hier ist *"Α.* etwa: »der Rächer«.

Choeph. 936 ἔμολε δ'ἐς δόμον τὸν Ἀγαμέμνονος | διπλοῦς λέων, διπλοῦς Ἄρης. Gewiss ist Orest und Pylades gemeint, »das Rächerpaar«. Droysens Übersetzung ist hierin wenig treffend: »Herein brach empört in Agamemnons Haus zwiefacher Leu, zwiefacher Kampf«.

Eumenid. 355 δωμάτων γὰρ εἱλόμαν ἀνατροπάς, | ὅταν Ἄρης τίθασος ὢν φίλον ἕλῃ.

2. Ἥφαιστος.

Agam. 280 Chor: καὶ τίς τόδ' ἐξίκοιτ' ἂν ἀγγέλλων τάχος; Klytämn: Ἥφαιστος, Ἴδης λαμπρὸν ἐκπέμπων σέλας. Hier schwankt *"Η.* eigentümlich zwischen persönlicher und metonymischer Bedeutung.

3. Ἀφροδίτη. Κύπρις.

Agam. 419 ὀμμάτων δ'ἐν ἀχηνίαις | ἔρρει πᾶσ' Ἀφροδίτα

sagt der Chor von dem seiner Helena beraubten Menelaos.
Ἀφρ. bedeutet etwa »Liebesfreude«.

Dann sehen wir zum ersten Male (vgl. *Bakchylides* 27 oben p. 39) Κύπρις metonymisch gebraucht.

Prom. 649 Ζεὺς γὰρ ἱμέρου βέλει | πρὸς σοῦ (Jo) τέθαλπται καὶ συναίρεσθαι Κύπριν | θέλει.

Prom. 864 τοιάδ' ἐπ' ἐχθροὺς τοὺς ἐμοὺς ἔλθοι Κύπρις (= γάμος, συνουσία) sagt Prometheus mit Bezug auf die Heirat der Aegyptiaden und Danaiden.

4. Ἅιδης.

a. Ἅ. = Unterwelt.

Prom. 1027 Prometheus wird nicht erlöst werden, πρὶν ἂν θεῶν τις διάδοχος τῶν σῶν πόνων | φανῇ, θελήσῃ δ' εἰς ἀναύγητον μολεῖν | Ἅιδην κνεφαῖά τ' ἀμφὶ Ταρτάρου βάθη.

Prom. 152 εἰ γάρ μ' ὑπὸ γῆν νέρθεν θ' Ἅιδου | τοῦ νεκροδέγμονος εἰς ἀπέραντον | Τάρταρον ἧκεν (Zeus). Ist hier Ἅιδου von Τάρταρος abhängig (Schömann, Droysen), so ist es persönlich zu nehmen; ist es von νέρθεν abhängig (Schütz), dann hat es lokale Bedeutung. Beide Konstruktionen sind grammatisch zulässig. Dass die letztere Erklärung die richtige ist, zeigt die soeben angeführte Stelle aus dem gleichen Stück, wo der Tartarus doch wohl vom Reiche des Hades getrennt ist. Prometheus wünscht, dass Zeus ihn lieber in die alleruntersten Tiefen geworfen hätte, anstatt ihn hier anzuschmieden. Es ist somit unter Ἅιδης hier die Unterwelt verstanden.

Pers. 922 γᾶ δ' αἰάζει τὰν ἐγγαίαν | ἥβαν Ξέρξᾳ κταμέναν Ἅιδου | σάκτορι Περσᾶν. Die drei letzten Worte haben vielfach Bedenken erregt. Wenn es auch sowohl zulässig ist, dass ein Substantiv mit zwei ganz verschiedenen Genitiven verbunden wird, als auch dass gesagt wird σάκτωρ Περσᾶν für σάξαντι Περσᾶν, so ist doch der vereinigte Gebrauch dieser Lizenzen ziemlich schwerfällig. Beispiele dafür sind nicht beigebracht worden. Dass man sich hilft, indem man Περσᾶν von ἥβαν abhängig macht, geht wegen ἐγγαίαν nicht, das dann vollständig überflüssig wäre. Verfehlt ist es, Ἅιδου zu streichen (Heimsöth). Es ist unentbehrlich. Dagegen ist Περσᾶν zum

mindesten entbehrlich. Vielleicht stand Περσῶν als Glosse zu ἐγγαίαν ursprünglich am Rande und hat dann an unrechter Stelle sich in den Text geschlichen, woraus es dann ein Wort verdrängte. Vielleicht stand noch ein Adjektiv bei σάκτορι, also ungefähr Ἄιδου σάκτορι δεινῷ.
Jedenfalls ist Ἄιδου σάκτορι unanstössig. Ἀίδης bedeutet die Unterwelt.

b. Ἄ. = Tod(?).

Agam. 687 ἔπειτα δ' Ἀίδην πόντιον πεφευγότες etc. Es ist sehr schwer, für Ἀίδην eine allein gültige Übersetzung zu finden. Man kann es als »Tod« fassen (Pecz a. a. O.), als »Totenreich« (Droysen, Schneidewin-Hense) und ebenso gut als »Grab« (vgl. *Pind. Pyth. V 88* oben p. 48). Persönliche Bedeutung ist ausgeschlossen.

Agam. 1114 ἰὴ παπαῖ, τί τόδε φαίνεται | ἢ δίκτυόν τι Ἄιδου. Hier ist Ἄιδου nicht als »Tod« zu fassen (Pecz), vielmehr wird es viel richtiger von Schneidewin-Hense mit »Fangnetz des Hades« erklärt, wie πέπλοι Ἐρινύων *Agam. 1580.* *

5. *Δαίμων.*

Soweit δαίμων bei Aeschylus nicht ganz persönlich gebraucht ist, sind die einzelnen Stellen durchweg so beschaffen, dass zwischen persönlicher und appellativer Bedeutung ein Schwanken stattfindet; und gezwungen ist man an keiner einzigen Stelle, metonymische Bedeutung zu erkennen. Die folgenden Stellen sind so angeordnet, dass in den ans Ende gestellten die persönliche Bedeutung immer mehr zurücktritt.

Ag. 1194 καὶ τίς σε κακοφρονῶν τίθησι | δαίμων ὑπερβαρὴς ἐμπίτνων | μελίζειν πάθη γοερὰ θανατοφόρα. Kann ganz persönlich verstanden werden.

Pers. 158 εἴ τι μὴ δαίμων παλαιὸς νῦν μεθέστηκε στρατῷ.

Sept. 705 δαίμων | λήματος ἐν τροπαίᾳ χρονίᾳ μεταλλακτὸς ἴσως ἂν ἔλθοι θαλερωτέρῳ | πνεύματι.

Sept. 812 οὕτως ὁ δαίμων κοινὸς ἦν ἀμφοῖν ἅμα, | αὐτὸς δ' ἀναλοῖ δῆτα δύσποτμον γένος.

* *Agam.* 1234 Ἄιδου μητέρ' ist trotz Lobeck *Ai.*[2] 292 verderbt; vgl. Schneidewin-Hense z. d. St. Wir lassen die Stelle daher am besten aus dem Spiele.

Agam. 1341 τίς ποτ᾽ ἂν εὔξαιτο βροτῶν ἀσινεῖ | δαίμονι φῦναι τάδ᾽ ἀκούων kann metonymisch aufgefasst werden, aber ebensogut persönlich.

Pers. 941 δαίμων γὰρ ὅδ᾽ αὖ μετάτροπος ἐπ᾽ ἐμοί.
Pers. 601 ὅταν δ᾽ ὁ δαίμων εὐροῇ, πεποιθέναι (sc. τοὺς βροτοὺς) | τὸν αὐτὸν αἰεὶ δαίμον᾽ οὐριεῖν τύχης. Das zweite δαίμων muss geändert werden: Weil schreibt ἄνεμον. Lehrs a. a. O. 192 will selbst in dieser Phrase δ. persönlich fassen. Immerhin hat es stark appellative Färbung.

6. Μοῦσα.

Suppl. 694 εὔφαμον δ᾽ ἐπὶ βωμοῖς | μοῦσαν θείατ᾽ ἀοιδοί. (In den Hss. steht εὐφήμοις . . . μοῖσαι θείαι τ᾽ ἀοιδοί. Die Emendation stammt von Hermann.)

Eum. 307 ἄγε δὴ καὶ χόρον ἄψωμεν, ἐπεὶ | μοῦσαν στυγερὰν | ἀποφαίνεσθαι δεδόκηκεν.

Die beiden Stellen sind überhaupt die einzigen bei Aeschylus, an denen μοῦσα gebraucht ist.

Götternamen, die sich mit der Bezeichnung des entsprechenden Gegenstands decken.

Bei Aeschylus ist es ziemlich selten, dass die Vorstellungen vom Gotte und dem entsprechenden Gegenstand sich verquicken.

1. Ἥλιος.

Prom. 776 ist von den Phorkiden die Rede, ἃς οὐδ᾽ ἥλιος | προσδέρκεται ἀκτῖσιν οὐδ᾽ ἡ νύκτερος μήνη ποτέ. Die Wendung ist ein Anklang an Hom. λ 15 (oben p. 27).

Pers. 232 τῆλε πρὸς δυσμαῖς, ἄνακτος Ἡλίου φθινάσμασιν. φθίνειν ist eigentlich nicht Sache des ἄναξ Ἥλιος, sondern der Sonne.

2. Ἡμέρα.

Pers. 386 ἐπεί γε μέντοι λευκόπωλος ἡμέρα | πᾶσαν κατέσχε γαῖαν εὐφεγγὴς ἰδεῖν. Das Epitheton λευκόπωλος kommt einer Gottheit zu: am ersten Helios. λευκ. ἡμ. steht auch *Soph. Ai. 673.*

3. Okeanos.

Prom. 137 τῆς πολυτέκνου Τηθύος ἔκγονα | τοῦ περὶ πᾶ-
σάν θ' ἑλισσομένου | χθόν' ἀκοιμήτῳ ῥεύματι παῖδες | πα-
τρὸς Ὠκεανοῦ.

Sophokles.

1. Ἄρης*.

a. Ἄ. = Kampf, Krieg.

α) Wie bei Aeschylus beginnen wir mit Stellen, wo Ares zwar persönlich als Kampfgott gefasst ist, aber doch teilweise sich die Vorstellung des Krieges hereinmischt. Mit Recht bemerkt auch Ellendt *s. v.*, dass nicht in allen Beispielen von persönlicher Bedeutung dieses Namens, die er zusammenstellt, in gleicher Weise die Persönlichkeit des Gottes hervortritt.

Ant. 126 τοῖος ἀμφὶ νῶτ' ἐτάθη πάταγος Ἄρεος. Ellendt fasst Ἄ. ganz metonymisch.

Ant. 139 ἄλλα δ' ἐπ' ἄλλοις ἐπενώμα στυφελίζων μέγας Ἄρης | δεξιόσειρος.

El. 1384 ἴδεθ' ὅποι προνέμεται τὸ δυσέριστον αἷμα φυσῶν Ἄρης.

Trach. 653 νῦν δ' Ἄρης οἰστρηθεὶς | ἐξέλυσ' ἐπίπονον ἀμέ-
ραν. Gemeint ist der Krieg gegen Oichalia, doch ist Ἄρης keineswegs rundweg als πόλεμος *(Schol.)* zu fassen.

Persönlich zu fassen ist auch:

Ai. 706 ἔλυσεν αἰνὸν ἄχος ἀπ' ὀμμάτων Ἄρης. Zur Erklärung vgl. Schneidewin-Nauck, auch Lobeck p. 270. Die Scholien erschöpfen sich im Darbieten von verkehrten Auslegungen: die einen erklären Ἄρης mit πόλεμος, die andern mit λύσσα, die andern wollen gar Aias selbst darunter verstehen.

Φρύγες fr. 657 τοὺς εὐγενεῖς γὰρ κἀγαθούς, ὦ παῖ, φιλεῖ | Ἄρης ἐναίρειν . . . Ἄρης γὰρ οὐδὲν τῶν κακῶν λωτίζεται. In-.

---

* Die Anordnung stimmt meist mit der von Ellendt im *lex. Sophocl.* überein.

teressant ist es, *fr. 510* zu vergleichen: φιλεῖ γὰρ ἄνδρας πόλεμος ἀγρεύειν νέους. Sophokles hätte daher *fr. 657* gerade so gut πόλεμος wie Ἄρης sagen können.

fr. 754 τυφλὸς γὰρ ὦ γυναῖκες οὐδ' ὁρῶν Ἄρης | συὸς προσώπῳ πάντα τυρβάζει κακά. Plutarch *(aud. poet. 6)* will Ἄρης einfach als πόλεμος fassen. Gemeint ist in dem Satz der Krieg, doch ist der Gedanke so ausgedrückt, dass ˝A. den Gott bedeutet.

Am besten hier einreihen lässt sich eine Stelle, wo Ἄρης als Pestgott gefasst ist, und wo der Name ebenfalls persönlich behandelt ist: *O. R. 190:* Ἄρεα δὲ τὸν μαλερὸν, ὃς νῦν ἄχαλκος ἀσπίδων | φλέγει με περιβόητος, ἀντιάζω.

β) Stellen mit rein metonymischem Gebrauch.

O. C. 1043 εἴην ὅθι δαΐων ἀνδρῶν τάχ' ἐπιστροφαὶ τὸν χαλκοβόαν Ἄρη μίξουσιν. Vgl. das homerische ξυνάγειν Ἄρηα und *Alcaeus 31* μῖξαν Ἄρευα (p. 38).

Ai. 612 wird Salamis angeredet: ὃν (Aias) ἐξεπέμψω πρὶν δή ποτε θουρίῳ κρατοῦντ' ἐν Ἄρει. Vgl. *Panyasis fr. 12* (p. 32).

Ai. 1195 κεῖνος ἀνὴρ, ὃς στυγερῶν ἔδειξεν ὅπλων Ἕλλασιν κοινὸν Ἄρη.

O. C. 1679 τί γὰρ, ὅτῳ μήτ' Ἄρης μήτε πόντος ἀντέκυρσεν, ἄσκοποι δὲ πλάκες ἔμαρψαν ἐν ἀφανεῖ τινι μόρῳ φερόμενον. *Schol.* erklärt Ἄρης mit πόλεμον. Dem setzt Ellendt die Interpretation φόνον entgegen. Doch Ἄρης steht auf gleicher Linie mit πόντος. Beide Worte geben den Ort, die Gelegenheit, die Ursache des Todes an.

b. ˝A. = Mut, Kraft zum Kampfe; Kraft.

Ant. 951 ἀλλ' ἁ μοιριδία τις δύνασις δεινά · οὔτ' ἄν νιν ὄλβος οὔτ' Ἄρης, οὐ πύργος, οὐχ ἁλίκτυποι κελαιναὶ νᾶες ἐκφύγοιεν. »Körperkraft« erklärt Nauck.

O. C. 1065 δεινὸς ὁ προσχώρων Ἄρης, δεινὰ δὲ Θησειδᾶν ἀκμά.
El. 1242 ὅρα γε μὲν δὴ κἂν γυναιξὶν ὡς Ἄρης ἔνεστιν. Vgl. *Aesch. Suppl. 749* (oben p. 57).

fr. 235 πρὸς τὴν ἀνάγκην οὐδ' Ἄρης ἀνθίσταται. Nauck zu *Ant. 951* erklärt ˝A. hier für »Körperkraft«. Eher ist Ares hier der Gott; als der Stärkste der Götter wird er herausgegriffen; so stark ist die ἀνάγκη, dass nicht einmal Ares ihr widerstehen kann.

c. "Α. = gewaltsamer Tod; Mord.

Ai. 254 πεφόβημαι λιθόλευστον Ἄρη | ξυναλγεῖν μετὰ τοῦδε τυπείς. Vgl. *φόνος δημόλευστος Ant. 36. θηλύκτονος Ἄρης Aesch. Prom. 862* (p. 58).

In der Bedeutung »Heeresmacht« findet sich Ἄρης bei Sophokles nicht gebraucht wie bei den beiden andern Tragikern.

2. Ἥφαιστος.

Ant. 123 πρὶν... στεφάνωμα πύργων πευκάενθ' Ἥφαιστον ἑλεῖν.

Ant. 1006 ἐκ δὲ θυμάτων | Ἥφαιστος οὐκ ἔλαμπεν.

3. Κύπρις.

fr. inc. 835 ὦ παῖδες, ἦ τοι Κύπρις οὐ Κύπρις μόνον, | ἀλλ' ἐστὶ πολλῶν ὀνομάτων ἐπώνυμος. | ἔστιν μὲν Ἄιδης, ἔστι δ' ἄφθιτος βία, | ἔστιν δὲ λύσσα μανιάς, ἔστι δ' ἵμερος | ἄκρατος, ἔστ' οἰμωγμός. ἐν κείνῃ τὸ πᾶν | σπουδαῖον, ἡσυχαῖον, εἰς βίαν ἄγον.
Der Name schwankt zwischen persönlicher und appellativer Bedeutung.

Dagegen in den Versen *fr. inc. 790,* von denen Plutarch sagt, dass sie sich auf Timoleon anwenden liessen, ist Κύπρις metonymisch gebraucht: *ὦ θεοί, τίς ἄρα Κύπρις ἢ τίς ἵμερος | τοῦδε ξυνήψατο;* und zwar ist das neu an der Stelle, dass Κύπρις nicht in erotischem Sinne Liebe bedeutet, sondern hier etwa so viel als Zuneigung, Sympathie ist, — wenigstens in dem Sinne, in dem Plutarch den Vers auf Timoleon anwendet.

4. Ζεὺς ἑρκεῖος.

Ganz ausserhalb des sonstigen metonymischen Gebrauchs von Ζεὺς steht eine Stelle, wo Ζεὺς ἑρκεῖος metonymisch die Familie bedeutet, wie auch vom Schol. und von Andern (Eustath. z. Od. 1930,30) richtig erkannt ist. So wird ja auch *Lar* und *Penates* bei den Römern für die Familie gesetzt.

Ant. 486 ἀλλ' εἴτ' ἀδελφῆς εἴθ' ὁμαιμονεστέρας | τοῦ παντὸς ἡμῖν Ζηνὸς ἑρκείου κυρεῖ, | αὐτή τε χἠ ξύναιμος οὐκ ἀλύξετον | μόρον κακίστου.

5. Ἀίδης.

Ellendt bestrebt sich, gar keinen Fall von unpersönlicher Bedeutung des Wortes bestehen zu lassen. Dass dies nicht haltbar ist, wird sich zeigen. Zunächst werden einige Stellen folgen, an denen Ἀ. persönlich mit Beimischung appellativer Bedeutung (Unterwelt, Tod) gebraucht ist.

a. Ἀ. = Unterwelt.

α) Ἀ. persönlich mit Beimischung appellativer Bedeutung gebraucht.

Ai. 657 μολών τε χῶρον ἔνθ' ἂν ἀστιβῆ κίχω, | κρύψω τόδ' ἔγχος τοὐμόν, ἔχθιστον βελῶν, | γαίας ὀρύξας ἔνθα μή τις ὄψεται. | ἀλλ' αὐτὸ νὺξ Ἀίδης τε σωζόντων κάτω.

O. R. 29 ὑφ' οὗ (τοῦ λοιμοῦ) κενοῦται δῶμα Καδμεῖον, μέλας δ' | Ἀίδης στεναγμοῖς καὶ γόοις πλουτίζεται.

El. 137 ἀλλ' οὗτοι τόν γ' ἐξ Ἀίδα παγκοίνου λίμνας πατέρ' ἀνστάσεις. πάγκοινος kann Epitheton des Ortes sein, wie πολύκοινος *Ai. 1192* (s. unten).

β) rein metonymischer Gebrauch.

Ai. 635 κρείσσων γὰρ Ἀίδᾳ κεύθων ἢ νοσῶν μάταν wird wohl Ἀίδᾳ örtlich zu fassen sein. Vgl. homerisch Ἀίδι κεύθωμαι (oben p. 19).

Ai. 606 κακὰν ἐλπίδ' ἔχων | ἔτι μέ ποτ' ἀνύσειν | τὸν ἀπότροπον ἀΐδηλον Ἀίδαν. Gegen Ellendts persönliche Auffassung vgl. *Ai. 926* ἔμελλες ἐξανύσειν κακὰν μοῖραν ἀπειρεσίων πόνων und *O. C. 1562* ξένον ἐξανύσαι ... τὰν παγκευθῆ κάτω νεκρῶν πλάκα καὶ στύγιον δόμον; *Eur. Hipp. 742* Ἑσπερίδων ἐπὶ μηλόσπορον ἀκτὰν | ἀνύσαιμι τᾶν ἀοιδῶν. ἀνύειν in dieser Bedeutung: »vollends hingelangen zu...« wird kaum mit einem Accusativ der Person verbunden.

Ai. 1192 ὄφελε πρότερον αἰθέρα δῦναι μέγαν ἢ τὸν πολύκοινον Ἀίδαν κεῖνος ἀνήρ etc.

El. 833 τῶν φανερῶς οἰχομένων εἰς Ἀίδαν.

Ant. 821 ζῶσα μόνη δὴ | θνητῶν Ἀίδην καταβήσει.

O. C. 1439 redet Antigone den Polyneikes an: καὶ τίς ἂν σ' ὁρμώμενον | ἐς προῦπτον Ἀίδην οὐ καταστένοι, κάσι; Bei ἐς πρ. Ἀ. kann Ἀίδης auch »Tod« bedeuten.

Ἄιδου οἰκήτωρ haben wir *Trach. 282, 1159. Ai. 517.* Auch dabei ist persönliche Auffassung nicht ausgeschlossen; vgl. *Eur. Andr. 1089*, wo die Bewohner des delphischen Tempelbezirks λαὸς οἰκήτωρ θεοῦ genannt werden.

b. Ἄ. = Tod.

α) Ἄ. persönlich mit Beimischung appellativer Bedeutung gebraucht.

Ant. 578 Ἄιδης ὁ παύσων τούσδε τοὺς γάμους ἐμοί.
Ant. 361: der Mensch Ἄιδα μόνον | φύξιν οὐκ ἐπάξεται.
Jobates fr. 275 τὸν Ἀίδαν γὰρ οὐδὲ γῆρας οἶδε φιλεῖν.

β) rein metonymische Bedeutung.

Ant. 308 Kreon zum Wächter: οὐχ ὑμῖν Ἄιδης μοῦνος ἀρκέσει, πρὶν ἄν | ζῶντες κρεμαστοὶ τήνδε δηλώσηθ᾽ ὕβριν. Bei Ellendt fehlt diese Stelle, an der Ἄιδης unzweifelhaft metonymisch aufzufassen ist. *S. v.* ἀρκεῖν erklärt Ellendt selbst die Stelle: *non sola morte defungemini.*

Ant. 580 φεύγουσι γάρ τοι χοἰ θρασεῖς, ὅταν πέλας | ἤδη τὸν Ἄιδην εἰσορῶσι τοῦ βίου. Fassen wir Ἄιδης persönlich, so ist die Redensart nicht plastisch: denn von Hades, einem Konkretum, lässt sich nicht gut sagen, dass er an das Leben (ein Abstraktum) herantrete. Das Leben und der Gott Hades ist kein passender Gegensatz; einen solchen erlangen wir, wenn wir Ἄιδης als »Tod« interpretieren.

6. Δαίμων.

Stufenweise lässt sich hier das Vordringen der metonymischen Bedeutung dieses Wortes verfolgen. Hatten wir bei Aeschylus gefunden, dass vielfach ein Schwanken der Bedeutung stattfindet, ohne dass an einer Stelle metonymische Bedeutung notwendig angenommen werden muss, so kommen bei Sophokles zu den derartigen Stellen eine Anzahl hinzu, an denen unzweifelhaft metonymische Bedeutung vorliegt.

a. Es folgen die Stellen, an denen der persönlichen Bedeutung eine mehr oder weniger stark hervortretende appellative Bedeutung beigemischt ist. Manche Stellen können geradezu metonymisch gefasst werden, wie es von Erklärern und besonders Übersetzern (Donner, Wendt) denn auch häufig geschieht.

Ai. 1214 νῦν δ'οὗτος ἀνεῖται στυγερῷ δαίμονι.
O. C. 1750 ἐλπίδων γὰρ ἐς τίν' ἔτι με δαίμων ... ἐλαύνει;
Ellendt reiht es unter der Bedeutung »Dämon« ein, »*nisi ad sortis significationem trahere malis*«.
O. C. 1565 πολλῶν γὰρ ἂν καὶ μάταν πημάτων ἱκνουμένων πάλιν σφε δαίμων δίκαιος αὔξοι.
Trach. 910 αὐτὴ τὸν αὐτῆς δαίμον' ἀνακαλουμένη.
O. C. 1336 σύ τε | κἀγώ, τὸν αὐτὸν δαίμον' ἐξειληχότες spielt sehr stark in die Metonymie hinüber.
Trach. 1026 ruft Herakles aus: αἰαῖ, ἰὼ δαῖμον.
Phil. 1186 αἰαῖ αἰαῖ δαίμων δαίμων. ἀπόλωλ' ὁ τάλας.
An diesen Stellen kann und braucht man nicht zwischen persönlicher und metonymischer Bedeutung entscheiden.

b. δαίμων in rein metonymischer Bedeutung.

El. 1305 οὐ γὰρ ἂν καλῶς | ὑπηρετοίην τῷ παρόντι δαίμονι wird mit Recht von Ellendt und Nauck metonymisch gefasst: »die gegenwärtige Götterfügung«. Vgl.

fr. 592 μὴ σπεῖρε πολλοῖς τὸν παρόντα δαίμονα. | σιγώμενος γάρ ἐστι θρηνεῖσθαι πρέπων.

O. R. 1194 ruft der Chor Oedipus zu: τὸν σόντοι παράδειγμ' ἔχων, | τὸν σὸν δαίμονα, τὸν σόν, ὦ | τλᾶμον Οἰδιπόδα, βροτῶν | οὐδὲν μακαρίζω.

O. C. 76 ἐπείπερ εἶ | γενναῖος, ὡς ἰδόντι, πλὴν τοῦ δαίμονος. Gemeint ist mit δ. des Oedipus' Blindheit.

Ai. 534 hatte Tekmessa gesagt, sie habe den Knaben entfernt, damit er nicht dem Vater begegne und den Tod erleide, worauf Aias: πρέπον γε τἂν ἦν δαίμονος τοὐμοῦ τόδε.

El. 999 δαίμων δὲ τοῖς μὲν εὐτυχὴς καθ' ἡμέραν, | ἡμῖν δ' ἀπορρεῖ κἀπὶ μηδὲν ἔρχεται. Vgl. δαίμονος οὖρος *Pind. Ol. XIII 26* (p. 49) und ὅταν δ'ὁ δαίμων εὐροῇ *Aesch. Pers. 601* (p. 61).

Phil. 1100 τοῦ πλέονος δαίμονος εἷλου τὸ κάκιον ἀντί.

7. Ἐρινύς.

Dies Wort tritt jetzt öfter im metonymischem Gebrauch auf. Nur bei Homer hatten wir einen Fall gefunden. Zahlreich kommt dann Ἐρινύς bei Aeschylus vor, doch ist keine einzige Stelle da, die irgendwie zu metonymischer Auffassung des Wortes nötigt. (S. Dindorf *lex. Aeschyl. s. v.*) Auch bei Sophokles wiegt meist die persönliche Bedeutung vor, doch finden sich auch Stellen, wo metonymische Auffassung angebracht ist.

a. In den folgenden Stellen ist Ἐρινύς zunächst persönlich zu fassen, doch spielt die appellative Bedeutung mehr oder weniger herein.

El. 276 ἡ δ' (Klytämnestra) ὧδε τλήμων ὥστε τῷ μιάστορι | ξύνεστ', Ἐρινὺν οὔτιν' ἐκφοβουμένη. Ellendt fasst es mehr metonymisch als *ultio et calamitas quasi a Diris illata*.

O. C. 1298 ὧν ἐγὼ μάλιστα μὲν | τὴν σὴν Ἐρινὺν αἰτίαν εἶναι λέγω.

Ebenso persönlich (wie bei Homer) zu fassen ist:

O. C. 1432 ἀλλ' ἐμοὶ μὲν ἥδ' ὁδὸς | ἔσται μέλουσα δύσποτμός τε καὶ κακὴ | πρὸς τοῦδε πατρὸς τῶν τε τοῦδ' Ἐρινύων.

Ziemlich stark dagegen spielt schon die appellative Bedeutung herein:

Trach. 893 ἔτεκεν ἔτεκεν μεγάλαν | ἁ νέορτος ἅδε νύμφα (Jole) δόμοισι τοῖσδ' Ἐρινύν, was Ellendt ganz metonymisch auffasst.

b. Rein metonymisch ist Ἐρινύς *Ant.* 599 ff. gebraucht; die Bedeutung hat eine eigentümliche Schattierung: νῦν γὰρ ἐσχάτας ὑπὲρ | ῥίζας ὃ τέτατο φάος ἐν Οἰδίπου δόμοις, | κατ' αὖ νιν φοινία θεῶν τῶν | νερτέρων ἀμᾷ κοπίς, | λόγου τ' ἄνοια καὶ φρενῶν Ἐρινύς. Hier bedeutet *E.* »des Sinns Verblendung« (Schneidewin-Nauck).

c. Ebenso steht für sich

El. 1078 οὔτετι τοῦ θανεῖν προμηθὴς τό τε μὴ βλέπειν ἑτοίμα, | διδύμαν ἑλοῦσ' Ἐρινύν. Verstanden ist unter διδ. 'Ε., wie die Scholien richtig bemerken, Klytämnestra und Ägisth. Doch kann 'E. nicht in dem Sinn gebraucht werden, wie Helena eine νυμφόκλαυτος Ἐρινύς heisst bei *Aesch. Ag.* 749 und wie das Auge der Helena bei *Eur. Or.* 1389 ξεστῶν περγάμων Ἀπολλωνίων Ἐρινύς genannt wird, Stellen, die man als Parallelen anzuführen pflegt. Helena wird hier Ἐρινύς genannt, gerade wie man einen Helden Ares oder einen geschickten Musikus Apollo nennen kann. Ägisth aber kann man doch nicht in solchem Sinn Erinys nennen. Ich fasse die Stelle etwa wie Donner, der übersetzt: »den Bund des Fluchs«, den doppelten Fluch, der mit Klytämnestra und Ägisth über dem Hause lastet.

8. Μοῦσα.

Trach. 641 οὐκ ἀναρσίαν... καναχάν,... ἀλλὰ θείας ἀντίλυρον μούσας.*

Götternamen, die sich mit der Bezeichnung des Objekts decken.

1. Helios und Sonne.

'Ριζοτόμοι *fr. 492* Ἥλιε δέσποτα καὶ πῦρ ἱερὸν | τῆς εἰνοδίας Ἑκάτης ἔγχος, | τὸ δι' Οὐλύμπου πωλοῦσα φέρει | καὶ γῆς ναίουσ' ἱερὰς τριόδους | στεφανωσαμένη δρυΐ καὶ πλεκτοῖς | ὠμῶν σπείραισι δρακόντων. Die Stelle ist deshalb bemerkenswert, weil der Ἥλιος δεσπότης und der Mond gleichberechtigt nebeneinander stehen.

Trach. 94 ὃν αἰόλα νὺξ ἐναριζομένα τίκτει κατευνάζει τε, φλογιζόμενον | Ἅλιον Ἅλιον αἰτῶ, | τοῦτο καρῦξαι... ὦ λαμπρᾷ στεροπᾷ φλεγέθων, etc.

2. Ἡμέρα.

Ai. 672 ἐξίσταται δὲ νυκτὸς αἰανὴς κύκλος | τῇ λευκοπώλῳ φέγγος ἡμέρᾳ φλέγειν. Vgl. *Aesch. Pers. 386* (oben p. 61).

3. Γῆ.

Ant. 338 θεῶν τε τὰν ὑπερτάταν, Γᾶν, | ἄφθιτον ἀκαμάταν ἀποτρύεται | ἰλλομένων ἀρότρων ἔτος εἰς ἔτος.

4. Ὕπνος.

Phil. 827 Ὕπν' ὀδύνας ἀδαής, Ὕπνε δ' ἀλγέων, | εὐαὲς ἡμῖν ἔλθοις, | εὐαίων εὐαίων, ὦναξ. | ὄμμασι δ' ἀντέχοις | τάνδ' αἴγλαν, ἃ τέταται τανῦν. | ἴθ' ἴθι μοι παιήων. Gott Hypnos ist angeredet, doch hat der Dichter, z. B. in den Epitheta ὀδύνας ἀδαής, ἀλγέων ἀδαής beständig das Bild des Schlafes vor Augen.

5. Abstrakte Begriffe werden dem Dichter unter der Hand zu Persönlichkeiten: λοιμός, χρόνος, φρόνησις, δαίς.

---

* *fr. 162* τεκτόναρχος μοῦσα ist, soweit es sich beurteilen lässt, persönlich zu nehmen.

O. R. 27 ἐν δ' ὁ πυρφόρος θεὸς | σκήψας ἐλαύνει, λοιμὸς ἔχθιστος, πόλιν.
El. 178 χρόνος γὰρ εὐμαρὴς θεός.
fr. inc. 836 v. 2 ἀλλ' ἡ φρόνησις ἀγαθὴ θεὸς μέγας.
Triptolemos fr. 548 ἦλθεν δὲ δαὶς θάλεια, πρεσβίστη θεῶν. Vgl. Nauck zu *Oed. R. 27*.

Euripides.

1. Ἄρης.

a. Ἄρης = Kampf, Krieg.

α) persönlich mit appellativer Nebenbedeutung.

Phoen. 239 Chor: νῦν δέ μοι πρὸ τειχέων | θούριος μολὼν Ἄρης | αἷμα δάϊον φλέγει | τᾷδ', ὃ μὴ τύχοι, πόλει.
Tro. 376 οὓς (welche von den Griechen) Ἄρης ἕλοι, | οὐ παῖδας εἶδον, οὐ δάμαρτος ἐν χεροῖν | πέπλοις ξυνεστάλησαν.
Weiter unten *(v. 387)* wird auch von den Troern gesagt, οὓς δ' Ἄρης ἕλοι, was wahrscheinlich aus *v. 376* eingedrungen ist; P ändert, was richtig sein mag, in ἕλοι δόρυ.
fr. 1052 νεανίας γὰρ ὅστις ὢν Ἄρη στυγῇ, | κόμη μόνον καὶ σάρκες, ἔργα δ' οὐδαμοῦ. Ἄρης neigt sehr stark nach der Bedeutung »Kampf, Waffenübung«.

β) rein metonymischer Gebrauch.

Or. 1484 Phryger: τότε δὲ τότε διαπρεπεῖς ἐγένοντο Φρύγες ὅσον Ἄρεος ἀλκὰν ἥσσονες | Ἑλλάδος ἐγενόμεθ' αἰχμᾶς. Vgl. Homer Ἄρεως ἀλκτήρ (oben p. 16 u. Anm. ***).
J. A. 930 Achill: ἐνθάδ' ἐν Τροίᾳ τ' ἐλευθέραν φύσιν | παρέχων Ἄρη τὸ κατ' ἐμὲ κοσμήσω δορί. Ἄρη κοσμεῖν ist ein seltsamer Ausdruck, unter dem man sich nichts Rechtes denken kann.
Phoen. 1402 ἐξ ἴσου δ' Ἄρης | ἦν, κάμακος ἀμφοῖν χεῖρ' ἀπεστερημένοιν. Vgl. latein. *aequo Marte pugnatur*.
Suppl. 579 τίς δ' ἐκ δράκοντος (d. thebanische Streitmacht) θοῦρος ἂν γένοιτ' Ἄρης (Angriff).

Bacch. 302 sagt Teiresias vom Gotte Dionysos: "Ἄρεώς τε μοῖραν μεταλαβὼν ἔχει τινά. | στρατὸν γὰρ ἐν ὅπλοις ᾖόντα κἀπὶ τάξεσι | φόβος διεπτόησε, πρὶν λόγχης θιγεῖν. | μανία δὲ καὶ τοῦτ' ἐστὶ Διονύσου πάρα.

Phoen. 1570: Jokaste ηὗρε... ἐν Ἠλέκτραισι πύλαις τέκνα | λωτοτρόφον κατὰ λείμακα λόγχαις | κοινὸν Ἐννάλιον | μάτηρ, ὥστε λέοντας ἐναύλους, | μαρναμένους. Klingt an das homerische ξυνὸς Ἐννάλιος an; doch ist der Ausdruck hier in anderem Sinn verwendet.

b. "Α. = Heeresmacht.

Von dieser Bedeutung, die bei Aeschylus zweimal, bei Sophokles gar nicht nachweisbar ist, können wir bei Euripides 14 Fälle namhaft machen. Wenn wir auch von Euripides 2—3 mal soviel Stücke übrig haben, als von jedem der beiden Andern, so ist dies Verhältnis doch derart, dass wir sagen dürfen, dass Euripides von dieser Bedeutung einen beträchtlich häufigeren Gebrauch gemacht hat, als seine Vorgänger.

Rhes. 321 ἀλλ' οὐδὲν αὐτῶν δεόμεθ' (des Rhesos und seiner Leute), οἵτινες πάλαι | μὴ ξυμπονοῦσιν, ἡνίκ' ἐξώστης Ἄρης | ἔθραυε λαίφη τῆσδε γῆς μέγας πνέων. Hier ist "Α. ziemlich persönlich gedacht, doch ist appellative Bedeutung beigemischt.

Häufig ist "Α. in dieser Bedeutung mit dem Genitiv des Namens einer Völkerschaft oder mit einem adjektivischen Ethnikon verbunden, wie schon *Aesch. Pers. 949* (p. 57).

Heraclid. 290 μάλα δ' ὀξὺς Ἄρης ὁ Μυκηναίων.

J. A. 283 λευκήρετμον δ' Ἄρη | Τάφιον ἦγεν, ὧν Μέγης ἄνασσε.

Heraclid. 275 ἥξω δὲ πολλὴν Ἄρεος Ἀργείου λαβὼν | πάγχαλκον αἰχμὴν δεῦρο.

Rhes. 237: Dolon Φθιάδων... ἵππων τότ' ἐπ' ἄντυγα βαίη, | δεσπότου πέρσαντος Ἀχαιὸν Ἄρη, | τὰς πόντιος Αἰακίδᾳ Πηλεῖ δίδωσι δαίμων.

J. A. 235 καὶ κέρας μὲν ἦν | δεξιὸν πλάτας ἔχων | Φθιώτας ὁ Μυρμιδόνων Ἄρης | πεντήκοντα νηυσὶ θουρίαις.

Phoen. 1081 ἀλλ' ὁ Καδμείων Ἄρης | κρείσσων κατέστη τοῦ Μυκηναίου δορός.

Andr. 105 Andromache klagt: ἅς (Helenas) ἕνεκ᾽, ὦ Τροία, δορὶ καὶ πυρὶ δηιάλωτον | εἷλε σ᾽ ὁ χιλιόναυς Ἑλλάδος ὠκὺς Ἄρης.

Rhes. 444 Rhesos zu Hektor: σὺ μὲν γὰρ ἤδη δέκατον αἰχμάζεις ἔτος | κοὐδὲν περαίνεις, ἡμέραν δ᾽ ἐξ ἡμέρας | ῥίπτεις κυβεύων τὸν πρὸς Ἀργείους Ἄρη.

J. A. 762 στάσονται δ᾽ ἐπὶ περγάμων | Τροίας ἀμφί τε τείχη | Τρῶες, ὅταν χάλκασπις Ἄρης | πόντιος εὐπρώροισι πλάταις | εἰρεσίᾳ πελάζῃ | Σιμουντίοις ὀχετοῖς.

J. A. 773 Πέργαμον δὲ Φρυγῶν πόλιν | λαΐνους περὶ πύργους | κυκλώσας Ἄρει φονίῳ. "*A.* könnte auch »Kampf« bedeuten. Bemerkenswert ist, dass das Subjekt dieses (freilich etwas langen) Satzes der Gott Ἄρης (v. 764) ist.

Electr. 1 ὦ γῆς παλαιὸν Ἄργος, Ἰνάχου ῥοαί, | ὅθεν ποτ᾽ ἄρας ναυσὶ χιλίαις Ἄρη | ἐς γῆν ἔπλευσε Τρῳάδ᾽ Ἀγαμέμνων ἄναξ.

Phoen. 1123 meldet der Bote: ὁ σὸς δὲ Κρηναίαισι Πολυνείκης πύλαις | Ἄρη προσῆγε.

Tro. 560 bedeutet "n. eine kleinere Zahl Krieger; dies ist ein Ausnahmefall: es ist von den Griechen im Leib des hölzernen Pferdes die Rede: λόχου δ᾽ ἐξέβαιν᾽ Ἄρης.

c. "*A.* = Mut, Kraft zum Kampfe.

Phoen. 133 Antigone: τίς δ᾽ ἐστὶν οὗτος; Pädagog: παῖς μὲν Οἰνέως ἔφυ | Τυδεύς, Ἄρη δ᾽ Αἰτωλὸν ἐν στέρνοις ἔχει. In den Scholien werden verschiedene Erklärungen für "*A.* geboten. Dass es die kalydonische Jagd (den »ätolischen Kampf«) bedeute, daran wird wohl niemand ernstlich denken; aber auch die Rüstung kann es schon deswegen nicht bedeuten, weil später v. 138—144 Antigone noch besonders nach derselben fragt. Es bleibt nur die Möglichkeit, "*A.* hier als »ätolischen Kriegsmut« aufzufassen.

2. Κύπρις. Ἀφροδίτη.

Es kann nicht Wunder nehmen, wenn der metonymische Gebrauch dieses Wortes bei Euripides gegenüber den beiden andern Tragikern plötzlich anwächst, wie eine Vergleichung leicht zeigt. (Bei Sophokles war nur ein Fall rein metonymischen Gebrauchs.) Hat doch Euripides die Liebe als treibendes Motiv erst ins griechische Drama eingeführt; er musste nun, um im Ausdruck abzuwechseln, häufiger Gebrauch machen vom Namen der Göttin, um die Liebe zu bezeichnen. Im Hippolytus zum Beispiel war besonders Veranlassung dazu, und wie wir sehen werden hat der Dichter in der That Kypris sowohl persönlich oft in die Rede eingeführt, als auch ihren Namen häufig metonymisch verwendet. In der Iph. Aul. und in den Bakchen ist der Gebrauch nicht selten. Erklärlich ist es ferner, wenn Hekuba, Elektra, Herakliden, Herc. furens, Orestes, Rhesus im Folgenden gar nicht vertreten sind.

a. **Schwanken zwischen persönlicher und metonymischer Bedeutung.**

Andr. 629 Peleus zu Menelaos: ἀλλ' ὡς ἐσεῖδες μαστόν (sc. τῆς Ἑλένης), ἐκβαλὼν ξίφος | φίλημ' ἐδέξω, πρόδοτιν αἰκάλλων κύνα, | ἥσσων πεφυκὼς Κύπριδος, ὦ κάκιστε σύ.

Andr. 222 ὦ φίλταθ' Ἕκτωρ, ἀλλ' ἐγὼ τὴν σὴν χάριν | σοὶ καὶ ξυνήρων, εἴ τί σε σφάλλοι Κύπρις, | καὶ μαστὸν ἤδη πολλάκις νόθοισι σοῖς | ἐπέσχον, ἵνα σοι μηδὲν ἐνδοίην πικρόν.

Bacch. 224 (κλύω ... γυναῖκας ἡμῖν δώματ' ἐκλελοιπέναι) πρόφασιν μὲν ὡς δὴ μαινάδας θυοσκόους, | τὴν δ' Ἀφροδίτην πρόσθ' ἄγειν τοῦ Βακχίου. Die Götternamen sind allerdings persönlich zu nehmen; doch hat Ἀφρ. appellativen Nebensinn.

Hipp. 968 οἶδ' ἐγὼ νέους | οὐδὲν γυναικῶν ὄντας ἀσφαλεστέρους, | ὅταν ταράξῃ Κύπρις ἡβῶσαν φρένα.

Med. 627 ἔρωτες ὑπὲρ μὲν ἄγαν ἐλθόντες οὐκ εὐδοξίαν οὐδ' ἀρετὰν παρέδωκαν ἀνδράσιν· εἰ δ' ἅλις ἔλθοι | Κύπρις, οὐκ ἄλλα θεὸς εὔχαρις οὕτως. | μήποτ' ὦ δέσποιν' ἐπ' ἐμοὶ χρυσέων τόξων ἐφείης | ἱμέρῳ χρίσασ' ἄφυκτον οἰστόν. — In εἰ δ' ἅλις ἔ. Κ. ist Κ. mehr appellativ; mit οὐκ ἄλλα θεός tritt die persönliche Bedeutung in Kraft.

Jon 892 (Kreusa apostrophiert Apollo) εἰς ἄντρου κοίτας ... Κύπριδι χάριν πράσσων ἄγες ἀναιδείᾳ.

J. A. 68 Tyndareos δίδωσ' ἐλέσθαι θυγατρὶ μνηστήρων ἕνα, | ὅτου (ὅποι Lenting) πνοαὶ φέροιεν Ἀφροδίτης φίλας, vgl. πνοαὶ Ἄρεως *Aesch. Sept.* 62, *113* (oben p. 56).

Aeolus fr. 23 ἀλλ' ἦ τὸ γῆρας τὴν Κύπριν χαίρειν ἐᾷ, | ἥ τ' Ἀφροδίτη τοῖς γέρουσιν ἄχθεται.

Aeolus fr. 26 τῇ δ' Ἀφροδίτῃ πόλλ' ἔνεστι ποικίλα. | τέρπει τε γὰρ μάλιστα καὶ λυπεῖ βοροτούς· | τύχοιμι δ' αὐτῆς ἡνίκ' ἐστὶν εὐμενής.

Dictys fr. 340 Κύπρις γὰρ οὐδὲν νουθετουμένη χαλᾷ, | ἣν δ' αὖ βιάζῃ, μᾶλλον ἐκτείνειν φιλεῖ, | κἄπειτα τίκτει πόλεμον, εἰς δ' ἀνάστασιν | δόμων περαίνει πολλάκις τὰ τοιάδε.

Theseus fr. 388 v. 3 καὶ χρῆν δὲ τοῖς βροτοῖσι τόνδ' εἶναι νόμον, | τῶν εὐσεβούντων οἵτινές τε σώφρονες | ἐρᾶν, Κύπριν δὲ τὴν Διὸς χαίρειν ἐᾶν.

Meleager fr. 524 ἡ γὰρ Κύπρις πέφυκε τῷ σκότῳ φίλη, | τὸ φῶς δ' ἀνάγκην προστίθησι σωφρονεῖν.

fr. 875 ὦ Κύπρι, ὡς ἡδεῖα καὶ μοχθηρὸς εἶ.

b. rein metonymischer Gebrauch.

α) Es bedeutet »Liebe« und verschiedene Momente der Liebe: Begierde, Liebesverhältnis, Liebesgenuss, Ehe. Doch lassen sich diese Bedeutungen nicht immer streng auseinander halten.

Andr. 240 Andromache zu Hermione: οὐκ αὖ σιωπῇ Κύπριδος ἀλγήσεις πέρι; Κ. ist das eheliche Verhältnis.

Bacch. 314 οὐχ ὁ Διόνυσος σωφρονεῖν ἀναγκάσει | γυναῖκας εἰς τὴν Κύπριν.

Bacch. 688 ηὗδον δὲ πᾶσαι σώμασιν παρειμέναι, | ... οὐχ ὡς σὺ φής | ... θηρᾶν καθ' ὕλην Κύπριν (Liebesgenuss).

Bacch. 773 οἴνου δὲ μηκέτ' ὄντος οὐκ ἔστιν Κύπρις (Liebe), | οὐδ' ἄλλο τερπνὸν οὐδὲν ἀνθρώποις ἔτι.

Hel. 680 Menelaos: τάδ' εἰς κρίσιν σοι τῶνδ' ἔθηχ' Ἥρα κακῶν; Helena: Κύπριν ὡς ἀφέλοιτο ... Πάριν ᾧ μ' ἐπένευσεν ... τλάμονα τλαμόνως ἐπέλασ' Αἰγύπτῳ. (Κύπρις = Liebesgenuss oder Ehe.)

Hipp. 400 Phädra: τρίτον δ', ἐπειδὴ τοισίδ' οὐκ ἐξήνυτον | Κύπριν κρατῆσαι, κατθανεῖν ἔδοξέ μοι. (Liebessehnsucht, Begierde).

Hipp. 1304 γνώμῃ δὲ νικᾶν τὴν Κύπριν πειρωμένη.

Hipp. 443 Κύπρις γὰρ οὐ φορητός, ἢν πολλὴ ῥυῇ. Ebenso Begierde.

Hipp. 464 πόσους δὲ (sc. δοκεῖς) παισὶν πατέρας ἡμαρτηκόσι ξυνεκκομίζειν Κύπριν;

Hipp. 642 τὸ γὰρ πανοῦργον μᾶλλον ἐντίκτει Κύπρις | ἐν ταῖς σοφαῖσιν.

J. A. 568 μέγα τι θηρεύειν ἀρετάν, | γυναιξὶν μὲν κατὰ Κύπριν κρυπτάν. | ἐν ἀνδράσι δ' αὖ κόσμος ἔνδον ὁ μυριοπλή- | θης μείζω πόλιν αὔξει. (Liebe.)

Tro. 368 spricht Kassandra von den Griechen, οἳ διὰ μίαν γυναῖκα καὶ μίαν Κύπριν | θηρῶντες Ἑλένην μυρίους ἀπώλεσαν. (Ehe, Heirat.)

Antigone fr. 162 ἀνδρὸς δ' ὁρῶντος εἰς Κύπριν νεανίου ἀφύλακτος ἡ τήρησις, ὡς κἂν φαῦλος ᾖ | τἄλλ', εἰς ἔρωτα πᾶς ἀνὴρ σοφώτατος. | ἦν δ' ἂν (αὖ Boissonnade) προσῆται Κύπρις, ἥδιστον λαβεῖν.

Diktys fr. 331 φίλος γὰρ ἦν μοι, καί μ' ἔρως ἕλοι ποτὲ οὐκ εἰς τὸ μῶρον οὐδέ μ' εἰς Κύπριν τρέπων. Bei der grossen Verderbtheit des Fragments lässt sich doch der metonymische Gebrauch von *K.* erkennen.

Ino fr. 400 ὦ θνητὰ πράγματ', ὦ γυναικεῖαι φρένες. | ὅσον νόσημα τὴν Κύπριν κεκτήμεθα. (Liebe).

Hippol. καλυπτόμενος *fr. 428* οἱ γὰρ Κύπριν φεύγοντες ἀνθρώπων ἄγαν | νοσοῦσ' ὁμοίως τοῖς ἄγαν θηρωμένοις, vgl. *Bacch. 688* (p. 74).

fr. 895 ἐν πλησμονῇ τοι Κύπρις, ἐν πεινῶντι δ' οὔ.

Es folgen nun die Stellen, an denen in der gleichen Bedeutung Ἀφροδίτη gebraucht ist.

Bacch. 457 Pentheus zu Dionysos: λευκὴν δὲ χροιὰν ἐκ παρασκευῆς ἔχεις, | οὐχ ἡλίου βολαῖσιν, ἀλλ' ὑπὸ σκιᾶς, | τὴν Ἀφροδίτην καλλονῇ θηρώμενος (auf Liebe Jagd machend). Vgl. *Bacch. 688*.

Jon 1103 Xuthos πρὸς ... Ἀφροδίταν | ἄλλαν θέμενος χάριν | νόθου παιδὸς ἔκυρσεν. (Liebesverhältnis).

J. A. 556 εἴη δέ μοι μετρία μὲν | χάρις, πόθοι δ' ὅσιοι καὶ μετέχοιμι τᾶς Ἀφροδίτας, πολλὰν δ' ἀποθείμαν. (Liebesfreuden).

Aeolus fr. 23 ἀλλ' ἢ τὸ γῆρας τὴν Κύπριν χαίρειν ἐᾷ, | ἢ τ' Ἀφροδίτη τοῖς γέρουσιν ἄχθεται.

Aeolus fr. 26 τῇ δ' Ἀφροδίτῃ πόλλ' ἔνεστι ποικίλα. | τέρπει τε γὰρ μάλιστα καὶ λυπεῖ βοροτούς· | τύχοιμι δ' αὐτῆς ἡνίκ' ἐστὶν εὐμενής.

Dictys fr. 340 Κύπρις γὰρ οὐδὲν νουθετουμένη χαλᾷ, | ἢν δ' αὖ βιάζῃ, μᾶλλον ἐκτείνειν φιλεῖ, | κἄπειτα τίκτει πόλεμον, εἰς δ' ἀνάστασιν | δόμων περαίνει πολλάκις τὰ τοιάδε.

Theseus fr. 388 v. 3 καὶ χρῆν δὲ τοῖς βροτοῖσι τόνδ' εἶναι νόμον, | τῶν εὐσεβούντων οἵτινές τε σώφρονες | ἐρᾶν, Κύπριν δὲ τὴν Διὸς χαίρειν ἐᾶν.

Meleager fr. 524 ἡ γὰρ Κύπρις πέφυκε τῷ σκότῳ φίλη, | τὸ φῶς δ' ἀνάγκην προστίθησι σωφρονεῖν.

fr. 875 ὦ Κύπρι, ὡς ἡδεῖα καὶ μοχθηρὸς εἶ.

b. rein metonymischer Gebrauch.

α) Es bedeutet »Liebe« und verschiedene Momente der Liebe: Begierde, Liebesverhältnis, Liebesgenuss, Ehe. Doch lassen sich diese Bedeutungen nicht immer streng auseinander halten.

Andr. 240 Andromache zu Hermione: οὐκ αὖ σιωπῇ Κύπριδος ἀλγήσεις πέρι; K. ist das eheliche Verhältnis.

Bacch. 314 οὐχ ὁ Διόνυσος σωφρονεῖν ἀναγκάσει | γυναῖκας εἰς τὴν Κύπριν.

Bacch. 688 ηὗδον δὲ πᾶσαι σώμασιν παρειμέναι, | ... οὐχ ὡς σὺ φῄς | ... θηρᾶν καθ' ὕλην Κύπριν (Liebesgenuss).

Bacch. 773 οἴνου δὲ μηκέτ' ὄντος οὐκ ἔστιν Κύπρις (Liebe), | οὐδ' ἄλλο τερπνὸν οὐδὲν ἀνθρώποις ἔτι.

Hel. 680 Menelaos: τάδ' εἰς κρίσιν σοι τῶνδ' ἔθηχ' Ἥρα κακῶν; Helena: Κύπριν ὡς ἀφέλοιτο ... Πάριν ᾧ μ' ἐπένευσεν ... τλάμονα τλαμόνως ἐπέλασ' Αἰγύπτῳ. (Κύπρις = Liebesgenuss oder Ehe.)

Hipp. 400 Phädra: τρίτον δ', ἐπειδὴ τοισίδ' οὐκ ἐξήνυτον | Κύπριν κρατῆσαι, κατθανεῖν ἔδοξέ μοι. (Liebessehnsucht, Begierde).

Hipp. 1304 γνώμῃ δὲ νικᾶν τὴν Κύπριν πειρωμένη.

Hipp. 443 Κύπρις γὰρ οὐ φορητός, ἢν πολλὴ ῥυῇ. Ebenso Begierde.

Hipp. 464 πόσους δε (sc. δοκεῖς) παισὶν πατέρας ἡμαρτηκόσι | ξυνεκκομίζειν *Κύπριν*;

Hipp. 642 τὸ γὰρ πανοῦργον μᾶλλον ἐντίκτει *Κύπρις* | ἐν ταῖς σοφαῖσιν.

J. A. 568 μέγα τι θηρεύειν ἀρετάν, | γυναιξὶν μὲν κατὰ *Κύπριν* κρυπτάν, | ἐν ἀνδράσι δ' αὖ κόσμος ἔνδον ὁ μυριοπλή- | θης μείζω πόλιν αὔξει. (Liebe.)

Tro. 368 spricht Kassandra von den Griechen, οἳ διὰ μίαν γυναῖκα καὶ μίαν *Κύπριν* | θηρῶντες Ἑλένην μυρίους ἀπώλεσαν. (Ehe, Heirat.)

Antigone fr. 162 ἀνδρὸς δ' ὁρῶντος εἰς *Κύπριν* νεανίου ἀφύλακτος ἡ τήρησις, ὡς κἂν φαῦλος ᾖ | τἄλλ', εἰς ἔρωτα πᾶς ἀνὴρ σοφώτατος. | ἦν δ' ἂν (αὖ Boissonnade) προσῆται *Κύπρις*, ἥδιστον λαβεῖν.

Diktys fr. 331 φίλος γὰρ ἦν μοι, καί μ' ἔρως ἕλοι ποτὲ οὐκ εἰς τὸ μῶρον οὐδέ μ' εἰς *Κύπριν* τρέπων. Bei der grossen Verderbtheit des Fragments lässt sich doch der metonymische Gebrauch von *K.* erkennen.

Ino fr. 400 ὦ θνητὰ πράγματ', ὦ γυναικεῖαι φρένες, | ὅσον νόσημα τὴν *Κύπριν* κεκτήμεθα. (Liebe).

Hippol. καλυπτόμενος *fr. 428* οἱ γὰρ *Κύπριν* φεύγοντες ἀνθρώπων ἄγαν | νοσοῦσ' ὁμοίως τοῖς ἄγαν θηρωμένοις, vgl. *Bacch. 688* (p. 74).

fr. 895 ἐν πλησμονῇ τοι *Κύπρις*, ἐν πεινῶντι δ' οὔ.

Es folgen nun die Stellen, an denen in der gleichen Bedeutung *Ἀφροδίτη* gebraucht ist.

Bacch. 457 Pentheus zu Dionysos: λευκὴν δὲ χροιὰν ἐκ παρασκευῆς ἔχεις, | οὐχ ἡλίου βολαῖσιν, ἀλλ' ὑπὸ σκιᾶς, | τὴν *Ἀφροδίτην* καλλονῇ θηρώμενος (auf Liebe Jagd machend). Vgl. *Bacch. 688*.

Jon 1103 Xuthos πρὸς ... *Ἀφροδίταν* | ἄλλαν θέμενος χάριν | νόθου παιδὸς ἔκυρσεν. (Liebesverhältnis).

J. A. 556 εἴη δέ μοι μετρία μὲν | χάρις, πόθοι δ' ὅσιοι καὶ μετέχοιμι τᾶς *Ἀφροδίτας*, πολλὰν δ' ἀποθείμαν. (Liebesfreuden).

J. A. 1159 εἴς τ' *Ἀφροδίτην σωφρονοῦσα* (*γυνή*), vgl. *Bacch. 314* (p. 74).

Kykl. 70 μέλπω πρὸς τὰν Ἀφροδίταν, | ἂν θηρεύων πετόμαν Βάκχαις σὺν λευκόποσιν. Ἀ. ist persönlich gebraucht, ἂν θηρεύων ist aber so gebraucht, als ob es metonymisch wäre.

β) Ἀ. bezeichnet Begriffe, die nichts mit der Liebe zu thun haben, sondern in übertragener (metaphorischer) Weise mit Ἀφροδίτη ausgedrückt werden.

J. A. 1264 μέμηνε δ' Ἀφροδίτη τις Ἑλλήνων στρατῷ | πλεῖν ὡς τάχιστα βαρβάρων ἐπὶ χθόνα. Ἀ. bezeichnet Begierde, aber nicht in erotischem Sinn. Die Redeweise ist sehr kühn, doch nicht anzuzweifeln.

Phoen. 399 (αἱ ἐλπίδες) ἔχουσιν Ἀφροδίτην τιν' ἡδεῖαν κακῶν. Ἀ. bedeutet, ohne jede erotische Beziehung, Reiz, ἡδονήν τινα (Schol.).

3. Ἅιδης.

a. Halb persönliche, halb metonymische Bedeutung.

Alc. 457 ἐξ Ἀΐδα τεράμνων | Κωκύτου τε ῥεέθρων. Hier kann Ἀ. ebensowohl den Gott als das Totenreich bezeichnen. An den folgenden Stellen kann sowohl der Gott, als das Totenreich, als der Tod darunter verstanden werden.

Alc. 956 ἦν ἔγημεν ἀντιδοὺς ἀψυχίᾳ | πέφευγεν Ἅιδην

Tro. 592 ὁ δὲ σὸς γόνος ἔκφυγεν Ἅιδαν, | ὃς λεχέων στυγερῶν χάριν ὤλεσε πέργαμα Τροίας.

Suppl. 920 'klagen die Frauen des Chors über den Verlust ihrer Söhne: καί νῦν |Ἅιδας τὸν ἐμὸν ἔχει ¦ μόχθον ἀθλίας.

Andromeda fr. 120 ἄνοικτος ὃς τεκὼν σὲ τὴν | πολυπονωτάτην βροτῶν | μεθῆκεν Ἅιδᾳ πάτρας ὑπερθανεῖν.*

* Es mögen hier eine Anzahl Stellen folgen, an denen der *genitivus (subjectivus)* von Ἅιδης von einem Substantiv abhängig ist, meist in persönlicher Bedeutung:

Andr. 1045 διέβα δὲ Φρυγῶν πρὸς εὐκάρπους γύας σκηπτὸς σταλάσσων τὸν Ἅιδα φόνον.

Herc. f. 1025 ἐὴ τίνα στεναγμὸν ἢ γόον ἢ φθιτῶν ᾠδὰν ἢ τίν' Ἅιδα χόρον ἀχήσω;

Hek. 1075 πᾷ φέρομαι τέκν' ἐρῆμα λιπὼν Βάκχαις Ἅιδου διαμοιρᾶσαι.

b. rein metonymische Bedeutung.

α) Ἅ. = Unterwelt.

εἰς Ἅιδην haben wir an folgenden Stellen:

Andr. 1216 klagt Peleus: ἄτεκνος, ἔρημος, οὐκ ἔχων πέρας κακῶν διαντλήσω πόνους εἰς Ἅιδαν.

Herc. f. 735 μέγας ὁ πρόσθ' ἄναξ (Lykos) ! πάλιν ὑποστρέφει βίοτον εἰς Ἅιδαν.

Jon 1494 sagt Kreusa, sie habe Jon in einer Höhle ausgesetzt, ἀνά τ' ἄντρον ἔρημον οἰωνῶν γαμφηλαῖς φόνευμα θοίναμά τ' εἰς Ἅιδαν.

Med. 1109 εἰ δὲ κυρήσει | δαίμων οὗτος, φροῦδος ἐς Ἅιδην θάνατος προφέρων σώματα τέκνων.

Suppl. 1004 ἐς Ἅιδαν καταλύσουσ' ἔμμοχθον βίοτον αἰῶνός τε πόνους.

Epitheta treten hinzu:

Herc. f. 426 τόν τε **πολύδακρυν ἔπλευσ'** ἐς Ἅιδαν, πόνων τελευτάν.

Suppl. 797 κοινὸν ἐς Ἅιδην καταβᾶσα.

Hipp. 1366 προῦπτον ἐς Ἅιδην στείχω κατὰ γῆς vgl. Soph. *O. C. 1439* (p. 65). Dies gehört streng genommen nicht an diese Stelle, weil προῦπτος kein *epitheton ornans* ist, sondern mehr prädikativ steht.

Ἅιδα χόρος und Βάκχαι Ἅιδου ist gesagt als Gegensatz zu dem Chor oder den Bakchen des Dionysos.
El. 142 ἰαχὰν ἀοιδὰν μέλος Ἅιδα; vgl. *I. T. 183* μοῦσαν, τὰν ἐν μολπαῖς Ἅιδας ὑμνεῖ.
I. T. 168 ἀλλ' ἔνδος μοι πάγχρυσον τεῦχος καὶ λοιβὰν Ἅιδα.
Herc. f. 562 ruft Herakles den Trauernden zu: οὐ ῥίψεθ' Ἅιδου τάσδε περιβολὰς κόμης. Ganz persönlich ist Ἅ. hier nicht zu fassen; es nähert sich der Bedeutung »Tod«. Dasselbe gilt für:
Med. 980 ξανθᾷ δ' ἀμφὶ κόμᾳ θήσει τὸν Ἅιδα κόσμον αὐτὰ ἐν χεροῖν λαβοῦσα.
Hipp. 1387 wünscht Hippolytos: εἴθε με κομίσειε τὸν δυσδαίμονα Ἅιδου μέλαινα νύκτερός τ' ἀνάγκα. Ἅ. kann sowohl persönlich aufgefasst werden, als auch als epexegetischer Genitiv zu ἀνάγκα.
Or. 1397 ὅταν αἷμα χυθῇ κατὰ γᾶν ξίφεσιν σιδαρέοισιν Ἅιδα: auch hier schwankt Ἅ. zwischen persönlicher Bedeutung und der Bedeutung »Tod«.

ἐν Ἅιδᾳ. *El. 122* ὦ πάτερ, σὺ δ' ἐν Ἅιδᾳ δὴ κεῖσαι. Wenn ἐν Ἅιδᾳ richtig ist — in den Handschriften steht einstimmig so, doch eine Verwechslung mit ἐν Ἅιδα konnte ja sehr leicht eintreten —, dann haben wir hier den ersten nachweislichen Fall, in dem die bei den Alexandrinern (s. u. p. 96) sehr häufige Ortsbestimmung εἰν Ἀΐδῃ gebraucht ist.

Die übrigen Fälle:

Hek. 1 ἥκω νεκρῶν κευθμῶνα καὶ σκότου πύλας | λιπών, ἵν' Ἅιδης χωρὶς ᾤκισται θεῶν.

Heraclid. 511 Makaria: κάλλιον, οἶμαι, τῇσδ', ὃ μὴ τύχοι ποτέ. | πόλεως ἁλούσης χεῖρας εἰς ἐχθρῶν πεσεῖν, | κἄπειτα δεινὰ πατρὸς οὖσαν εὐγενοῦς | παθοῦσαν Ἅιδην μηδὲν ἧσσον εἰσιδεῖν. Ἅιδ. kann auch als »Tod« aufgefasst werden.

fr. 533 τερπνὸν τὸ φῶς τόδ'. ὁ δ' ὑπὸ γῆς Ἅιδου σκότος οὔδ' εἰς ὄνειρον ἡδὺς ἀνθρώποις μολεῖν.

β) Ἅ. = Tod.

Alc. 12 Apollo: ᾔνεσαν δέ μοι θεαὶ | Ἄδμητον Ἅιδην τὸν παραυτίχ' ἐκφυγεῖν, | ἄλλον παραλλάξαντα τοῖς κάτω νεκρόν.

Alc. 268 πλησίον Ἅιδας, σκοτία δ' ἐπ' ὄσσοισι νὺξ ἐφέρπει. Doch ist persönliche Auffassung nicht ausgeschlossen; vgl. *Sosiphanes fr. 3* τὸν δὲ κύριον | Ἅιδην παρεστῶτ' οὐχ ὁρᾶτε πλησίον.

Alc. 259 ἄγει μ' ἄγει μέ τις, οὐχ ὁρᾷς; νεκύων ἐς αὐλὰν ὑπ' ὀφρύσι κυαναυγέσι βλέπων πτερωτὸς Ἅιδας ruft Alkestis aus. Ἅιδας ist sinnlos. Ebenso einfach wie schlagend ist die Herstellung von Wilamowitz (bei Robert, Thanatos S. 36), der Ἅιδαν schreibt. Die Rede ist dann vom Thanatos, welcher Ἅιδαν (Tod) βλέπει.

Andr. 1188 klagt Peleus: ὦ παῖ, | μήποτε σῶν λεχέων τὸ δυσώνυμον | ὤφελ' ἐμὸν γένος εἰς τέκνα καὶ δόμον | ἀμφιβαλέσθαι | Ἑρμιόνας Ἅιδαν ἐπὶ σοί, τέκνον, | ἀλλὰ κεραυνῷ πρόσθεν ὀλέσθαι.

Bacch. 1155 Πενθέως, ὃς τὰν θηλυγενῆ στολὰν νάρθηκά τε, πιστὸν Ἅιδαν, ἔλαβεν εὔθυρσον.

Hipp. 1047 ταχὺς γὰρ Ἅιδης ῥᾷστος ἀνδρὶ δυσσεβεῖ.

Hek. 480 Chor: ἐγὼ δ' ἐν ξείνᾳ χθονὶ δὴ κέκλημαι δούλα, λιποῦσ' Ἀσίαν Εὐρώπας θεράπναν, ἀλλάξασ' Ἅιδα θαλάμους.

Hek. 1032 (ὁδοῦ) ᾗ σ' ἐπήγαγεν θανάσιμον πρὸς Ἅιδαν.
Hel. 1123 πολλοὶ δ' Ἀχαιῶν ἐν δορὶ καὶ πετρίναις ῥιπαῖσιν ἐκπνεύσαντες Ἅιδαν μέλεον ἔχουσιν.

Or. 1522 sagt Orest zum phrygischen Sklaven: δοῦλος ὢν φοβεῖ τὸν Ἅιδην, ὅς σ' ἀπαλλάξει κακῶν;*

4. Βάκχος (Βάκχιος, Βρόμιος).

Den beiden andern Tragikern ist, soweit wir sehen, der metonymische Gebrauch von Βάκχος fremd. Es kann dies nicht Zufall sein, da, wie wir sahen, in der Lyrik der Gebrauch gleichzeitig mit Euripides auftritt. Vgl. p. 40.

a. halb persönliche, halb metonymische Bedeutung.

Kykl. 156 ruft Seilenos, nachdem er vom Wein getrunken hat, βαβαῖ· χορεῦσαι παρακαλεῖ μ' ὁ Βάκχιος.

So kann man auch in einer Reihe von weiteren Fällen unter *B.* ebensogut den Gott wie den Wein verstehen.

I. T. 953 εἰς δ' ἄγγος ἴδιον ἴσον ἅπασι Βακχίου | μέτρημα πληρώσαντες εἶχον ἡδονήν. Hier ist es eher der Wein.

I. T. 163 ist von einem Opfer von Milch, Wein und Honig die Rede: πηγάς τ' οὐρείων ἐκ μόσχων | Βάκχου τ' οἰνηρὰς λοιβὰς | ξουθᾶν τε πόνημα μελισσᾶν.

I. A. 1058 singt der Chor von der Hochzeit des Peleus und der Thetis: ἀνὰ δ' ἐλάταισι στεφανώδει τε χλόᾳ | θίασος ἔμολεν ἱπποβάτας | Κενταύρων ἐπὶ δαῖτα τὰν θεῶν κρατῆρά τε Βάκχου.

El. 497 bietet der Pädagog Elektra an παλαιὸν ... θησαύρισμα Διονύσου τόδε.

b. Bakchos mit dem Wein identifiziert.

Herc. f. 680 ἔτι τὰν Ἡρακλέους | καλλίνικον ἀείδω | παρά τε Βρόμιον οἰνοδόταν | παρά τε χέλυος ἑπτατόνου | μολπὰν καὶ Λίβυν αὐλόν. π. Βρ. οἰν. ist auf eine Linie gestellt mit μολπὰν und αὐλόν: es heisst demnach »beim Weine«. Zu dem appellativ gebrauchten Namen des Gottes tritt aber nun das

---

* *T. 486* wird mit Recht von Monk, Reiske, Dindorf, Nauck aus dem Text entfernt, und muss daher hier wegbleiben.

Epitheton οἰνοδόταν hinzu, das eigentlich der Person des Gottes zukommt.

In anderer Weise spricht sich eine Verquickung des Bildes des Gottes einerseits und andererseits des Weins aus: *Bacch. 284* οὗτος (Βάκχος) θεοῖσι σπένδεται θεὸς γεγώς. In den Versen 519 ff. des Kyklops wird mit der Möglichkeit, dass Βάκχ. zugleich den Gott und den Wein bedeuten kann, ein scherzhaftes Spiel getrieben. Odyss. *Κύκλωψ, ἄκουσον, ὡς ἐγὼ τοῦ Βαχχίου | τούτου τρίβων εἰμ', ὃν πιεῖν ἔδωκά σοι.* Kykl. *ὁ Βάχχιος δὲ τίς θεὸς νομίζεται;* Od. *μέγιστος ἀνθρώποισιν εἰς τέρψιν βίου.* Ky. *ἐρυγγάνω γοῦν αὐτὸν ἡδέως ἐγώ.* Od. *τοιόσδ' ὁ δαίμων· οὐδένα βλάπτει βροτῶν.* Ky. *θεὸς δ' ἐν ἀσκῷ πῶς γέγηθ' οἴκους ἔχων;* Od. *ὅπου τιθῇ τις, ἐνθάδ' ἐστὶν εὐπετής.* Ky. *οὐ τοὺς θεοὺς χρῆν σῶμ' ἔχειν ἐν δέρμασιν.*

Im Anschluss daran muss eine Stelle zur Sprache kommen, an der, wenn sie richtig hergestellt ist, *Μάρων* für Wein gesagt ist. *Cycl. 411* steht *ἐμπλήσας σκύφος | Μάρωνος αὐτοῦ τῷδε προσφέρειν.* Es sind Worte des Odysseus, der dem Chor erzählt, wie er dem (in der Höhle jetzt schlafenden) Kyklopen Wein gegeben habe. *αὐτοῦ* kann nicht richtig sein: was soll das für ein Becher des Maron sein, auf den hier so grosser Nachdruck gelegt wird (*αὐτοῦ*)? Odysseus hatte gar keinen bekommen; davon, dass *τῷδε* von dem in der Höhle liegenden (unsichtbaren) Kyklopen gesagt ist, gar nicht zu reden. Nach der Vermutung Ludwig Dindorfs schreiben die neueren Herausgeber *Μάρωνος αὐτῷ τοῦδε*. Diese Verbesserung ist sehr leicht und giebt einen nach allen Seiten befriedigenden Sinn. Ebenso sagt Kratinos *(fr. 135* Kock, man schreibt den Vers dem Ὀδυσσῆς zu): *οὔπω ἔπιον τοιοῦτον οὐδὲ πίομαι | Μάρωνα.* Vielleicht sagt Kratinos *Μάρων*, um einen Gebrauch der Tragödie zu parodieren. Sonst ist ein derartiger Gebrauch eines Personen-(nicht Götter-)namens für einen leblosen Gegenstand in der griechischen Poesie kaum zu belegen*.

---

* Höchstens *Φαέθων* für Licht in dem schon oben (p. 10) erwähnten Rätsel *A. P. XIV 53*. Bei *Martial V 53* steht in ähnlicher Weise doppelsinnig *Deucalion* für Deukalion und Wasser, *Phaëthon* für Phaëthon und Feuer. — Etwas anderes ist *Μηριόνης* für *μηρός Antipater Sidon. 3 (A. P. XII 97)* und *Πηλεύς* für *πηλός* in dem eben genannten Rätsel.

5. **Ζεύς.**

Wir hatten bei Alkman (p. 43) die Identification des Zeus mit dem Himmel in den Anfängen sich zeigen gesehen. Schon stärker prägt sie sich aus an folgender Stelle des *Kykl. 211*: βλέπετ' ἄνω καὶ μὴ κάτω herrscht der Kyklop die Satyrn an, worauf diese antworten: ἰδοὺ, πρὸς αὐτὸν τὸν Δί' ἀνακεκύφαμεν, | τά τ' ἄστρα καὶ τὸν Ὠρίωνα δέρκομαι. Die Bedeutung von Δία hält die Mitte zwischen der Persönlichkeit des Gottes und dem Himmel.

6. **Ἥφαιστος.**

Ἥ. tritt bei Eur. nur einmal auf, in der Zusammensetzung ἀνήφαιστος, *Or. 621*, wo es von Elektra heisst, sie habe den Orest so lange zur Rache getrieben, ἕως ὑφῆψε δᾶμ' ἀνηφαίστῳ πυρί, mit einem Feuer, das kein wirkliches Feuer war.

7. **Εἰλείθυια.**

Jon 452 σὲ τὰν ὠδίνων λοχιᾶν | ἀνειλείθυιαν, ἐμὰν | Ἀθάναν ἱκετεύω.

8. **Δαίμων.**

a. Halb persönliche, halb metonymische Bedeutung.

Hipp. 769 ... κρεμαστὸν | ἅψεται ἀμφὶ βρόχον λευ- | κᾷ καθαρμόζουσα δείρᾳ (Phädra), | δαίμονα στυγνὸν καταιδεσθεῖσα. *Rhes. 182* χρὴ δ' ἐπ' ἀξίοις πονεῖν, | ψυχὴν προβάλλοντ' ἐν κύβοισι δαίμονος, eine eigentümliche Ausdrucksweise: ἐν κ. δ. ist mehr metonymisch zu fassen: »Würfel des Schicksals«. *J. A. 1136* ὦ πότνια μοῖρα καὶ τύχη δαίμων τ' ἐμός.

Hel. 210 ὦ δαίμονος πολυστόνου | μοίρας τε σᾶς, γύναι.

Hel. 669 τίς γάρ σε δαίμων ἢ πότμος συλᾷ πάτρας;

An diesen drei Stellen (vgl. ausserdem *Trag. fr. adesp. 92*; *Eur. fr. 901 v. 3*; *Eur. Cycl. 606*) ist δαίμων mit den Synonymen μοῖρα, τύχη, πότμος zusammengestellt. In der Stelle aus der aulischen Iphigenie ist — wegen Gleichstellung mit μοῖρα — persönliche Auffassung von δ. durchaus vorzuziehen. An der zweiten Stelle lässt sich keine Entscheidung treffen, weil hier auch μοῖρα sowohl persönlich als appellativ gedacht sein kann; ebensowenig lässt sich bei der letzten Stelle etwas Bestimmtes sagen*.

Alc. 499 καὶ τόνδε τοὐμοῦ δαίμονος πόνον λέγεις, | σκληρὸς γὰρ ἀεὶ καὶ πρὸς αἶπος ἔρχεται, | εἰ χρή με παισὶν οὓς Ἄρης ἐγείνατο | μάχην ξυνάψαι.

Andr. 96 klagt Andromache: πάρεστι δ᾽ οὐχ ἕν, ἀλλὰ πολλά μοι στένειν· | πόλιν πατρῴαν, τὸν θανόντα θ᾽ Ἕκτορα | στέρρον τε τὸν ἐμὸν δαίμον᾽, ᾧ ξυνεζύγην.

b. Rein metonymische Bedeutung: Geschick.

Alc. 561 πῶς οὖν ἔκρυπτες (sc. τὸν Ἡρακλέα) τὸν παρόντα δαίμονα; der Tod der Alkestis ist gemeint. Vgl. übrigens *Soph. fr. 592, O. R. 1194* (oben p. 67).

Alc. 911 ὦ σχῆμα δόμων, πῶς εἰσέλθω: | πῶς δ᾽ οἰκήσω μεταπίπτοντος | δαίμονος;

Tro. 101 μεταβαλλομένου δαίμονος ἀνέχου. Vgl. *Aesch. Pers. 158* (oben p. 60).

Alc. 935 Admet: φίλοι, γυναικὸς δαίμον᾽ εὐτυχέστερον | τοὐμοῦ νομίζω.

Med. 1109 εἰ δὲ κυρήσει | δαίμων οὗτος, φροῦδος ἐς Ἅιδην | θάνατος προφέρων σώματα τέκνων.

Med. 1347 ἐμοὶ δὲ τὸν ἐμὸν δαίμον᾽ αἰάζειν πάρα.

Or. 504 νῦν ἐς τὸν αὐτὸν δαίμον᾽ ἦλθε μητέρι (Orestes).

Tro. 202 ... μόχθους ἔξω κρείσσους, | ἢ λέκτροις πλαθεῖσ᾽ Ἑλλάνων | — ἔρροι νὺξ αὗτα καὶ δαίμων — | ἢ Πειρήνας ὑδρευσαμένα | πρόπολος σεμνῶν ὑδάτων ἔσομαι.

Jon 1269 ἐσθλοῦ δ᾽ ἔκυρσα δαίμονος, πρὶν ἐς πόλιν | μολεῖν Ἀθηνῶν.

Antiope fr. 175: ὅστις δὲ πρὸς τὸ πῖπτον (diese drei Worte sind verderbt) εὐλόφως φέρει | τὸν δαίμον᾽, οὗτος ἧσσόν ἐστιν ἄθλιος.

fr. inc. 1073 οὐ χρή ποτ᾽ ὀρθαῖς ἐν τύχαις βεβηκότα | ἕξειν τὸν αὐτὸν δαίμον᾽ εἰς ἀεὶ δοκεῖν.

Nichts Rechtes anzufangen ist mit *Phoen. 1653*, wo Antigone von Polyneikes sagt: οὐκοῦν ἔδωκε τῇ τύχῃ τὸν δαίμονα.

* Den Unterschied von μοῖρα, τύχη und δαίμων giebt Lehrs pop. Aufs. 192 treffend an; πότμος ist eine mehr allgemeine Bezeichnung des Schicksals.

Die Scholien interpretieren δ. mit τιμωρίαν, und allerdings verlangt der Sinn etwas derartiges, aber δαίμονα διδόναι für δίκην διδόναι steht ausserhalb jeder Analogie, ausserhalb der stets festgehaltenen Bedeutung von δ. als von den Göttern verhängtes Geschick. Und die Zusammenstellung mit τύχη ist ganz unmöglich. Die Anstösse sind besprochen von Nauck Eur. Stud. I p. 102, wo auch die Emendationsversuche zusammengestellt und beurteilt sind.

9. Ἐρινύς.

Nur zwei Fälle sind zu notieren; bei diesen ist die Bedeutung eine schwankende:

Med. 1257 ἀλλά νιν, ὦ φάος διόγενες, κάτειργε, κατάπαυσον, ἔξελ᾽ οἴκων τάλαιναν φονίαν τ᾽ Ἐρινὺν ὑπ᾽ ἀλαστόρων.

Phoen. 1026 ist von der Sphinx die Rede, *Διρκαίων ἅ ποτ᾽ ἐκ | τόπων νέους πεδαίρουσ᾽ | ἄλυρον ἀμφὶ μοῦσαν | ὀλομέναν τ᾽ Ἐρινὺν | ἔφερες ἔφερες ἄχεα πατρίδι | φόνια.*

10. Μοῦσα.

Während μοῦσα in metonymischer Bedeutung bei den beiden andern Tragikern recht selten ist (p. 61, p. 69), tritt es bei Euripides ungemein häufig auf*. Aber das Wort muss auch in dieser Zeit eine Erweiterung in der Bedeutung und im Gebrauche erlangt haben. Während bei den Lyrikern μοῦσα stets Lied, Musik bedeutet, tritt μοῦσα in dieser Periode auf auch in der Bedeutung »musische Beschäftigung, Erziehung«, wie schon einmal bei Pind. *Pyth. V 106* (p. 51). Die Bezeichnung ist so stehend, dass sie kaum mehr als Metonymie gefühlt wird. Das darf man sowohl aus den zahlreichen Zusammensetzungen (παράμουσος *Phoeniss. 786*, ἄμουσος *Phoen. 807, fr. 633*, ἀμουσία *Herc. f. 676*, εὐμουσία *fr. 188*) wie daraus schliessen, dass das Wort in metonymischer Bedeutung früh in die Prosa eingedrungen ist: das älteste Beispiel wird Herodot II 135 bieten, der Sappho eine μουσοποιός nennt, was zugleich voraussetzt, dass man mit μοῦσα ein einzelnes Gedicht oder Lied bezeichnen konnte. Bei Plato ist der Gebrauch von μοῦσα für musische Beschäf-

---

* Dies Verhältnis hat schon Dindorf *lex. Aesch. s. v.* konstatiert.

tigung ganz geläufig, wie jedes Wörterbuch zeigt. Bei Euripides nun finden sich nicht nur diese Bedeutungen, sondern auch poetische Weiterbildungen derselben (Weissagung; Rätsel). Im Folgenden sind die Stellen nach der vorherrschenden Bedeutung geordnet, ohne dass damit gesagt sein soll, dass die von uns angenommene Erklärung von μ. an den einzelnen Stellen die allein mögliche und allein richtige sei.

a. Halb persönliche, halb metonymische Bedeutung.

fr. inc. 1028 ὅστις νέος ὢν μουσῶν ἀμελεῖ, | τόν τε παρελθόντ᾽ ἀπόλωλε χρόνον | καὶ τὸν μέλλοντα τέθνηκε. Vgl. *fr. 1052* ὅστις ὢν Ἄρη στυγῇ (p. 70).

Tro. 384 σιγᾶν ἄμεινον τἀσχρά, μηδὲ μοῦσά μοι | γένοιτ᾽ ἀοιδὸς ἥτις ὑμνήσει κακά*.

Herc. f. 673 οὐ παύσομαι τὰς Χάριτας Μούσαις συγκαταμιγνύς, ἁδίσταν συζυγίαν.

Herc. f. 685 οὔπω καταπαύσομεν μούσας, αἵ μ᾽ ἐχόρευσαν. in κατα π. μουσ. ist μ. metonymisch gebraucht; im Relativsatze dagegen werden die μοῦσαι zu Göttinnen.

b. Rein metonymische Bedeutung.

α) Musische Beschäftigung.

Tro. 120 μοῦσα δὲ χαὐτη τοῖς δυστήνοις | ἄτας κελαδεῖν ἀχορεύτους.

Antiope fr. 184 μοῦσάν τιν᾽ ἄτοπον εἰσάγεις ἀσύμφορον, | ἀργὸν, φίλοινον, χρημάτων ἀυτημελῆ.

β) Musik, Lied, Gesang.

Med. 195 schilt die Amme auf die Menschen, die zu fröhlichen Festen und Gastereien Lieder erfunden haben,

---

* Wie μοῦσα zu fassen sei, ist zweifelhaft: »die Muse« oder »der Gesang« möge mir eine Sängerin werden? Der Ausdruck ist sehr ungeschickt. Dazu kommt, dass das Motiv des Satzes, dass die Seherin plötzlich abbricht und sich zum Schweigen mahnt, gar zu sehr erinnert an die kurz vorher gesprochenen Verse 361 ff. ἀλλ᾽ αὖτ᾽ ἐάσω· πέλεκυν οὐχ ὑμνήσομεν (selbst dies Wort kehrt wieder). Eine besondere künstlerische Absicht kann man in der Wiederholung der Verse gewiss nicht erblicken. Entbehrlich sind sie sicherlich. Sie werden also nach dem Muster von 361 interpoliert sein.

στυγίους δὲ βροτῶν οὐδεὶς λύπας | ηὕρετο μούσῃ καὶ πολυχόρδοις | ᾠδαῖς παύειν.

Alc. 344 παύσω δὲ κώμους ξυμποτῶν θ' ὁμιλίας | στεφάνους τε μοῦσάν θ', ἣ κατείχ' ἐμοὺς δόμους.

Tro. 608 ὡς ἡδὺ δάκρυα τοῖς κακῶς πεπραγόσι | θρήνων τ' ὀδυρμοὶ μοῦσά θ' ἣ λύπας ἔχει.

Jon 1097 καὶ μοῦσ' εἰς ἄνδρας ἴτω | δυσκέλαδος ἀμφὶ λέκτρων.

El. 703 Πᾶνα μοῦσαν (Weise) ἀθύθροον πνίοντ'.

Med. 1085 Chor: ἀλλὰ γὰρ ἔστιν | μοῦσα καὶ ἡμῖν, ἣ προσομιλεῖ | σοφίας ἕνεκεν.

Med. 421 μοῦσαι δὲ παλαιγενέων λήξουσ' ἀοιδῶν | τὰν ἐμὰν ὑμνεῦσαι ἀπιστοσύναν.

Bacch. 560 ἐν ταῖς πολυδένδροισιν Ὀλύμπου | θαλάμαις, ἔνθα ποτ' Ὀρφεὺς κιθαρίζων | ξύναγεν δένδρεα μούσαις, ξύναγεν θῆρας ἀγρώτας.

Hel. 165 ποῖον ἀμιλλαθῶ γόον; ἢ τίνα μοῦσαν ἐπέλθω; δάκρυσιν ἢ θρήνοις, ἢ πένθεσιν;

Jon 1090 ὁρᾶθ' ὅσοι δυσκελάδοισιν | κατὰ μοῦσαν ἰόντες ἀείδεθ' ὕμνοις | ἀμέτερα λέχεα καὶ γάμους Κύπριδος* ἀθέμιτας ἀνοσίους, | ὅσον εὐσεβίᾳ κρατοῦμεν | ἄδικον ἄροτον ἀνδρῶν.

Alc. 962 ἐγὼ καὶ διὰ μούσας | καὶ μετάρσιος ᾖξα, καὶ | πλείστων ἁψάμενος λόγων | κρεῖσσον οὐδὲν ἀνάγκας | ηὗρον.

J. T. 181 τὰν ἐν | θρήνοις μοῦσαν νέκυσι μελομέναν, | τὰν ἐν μολπαῖς Ἅιδας ὑμνεῖ | δίχα παιάνων.

Jon 757 τίς ἥδε μοῦσα, χὠ φόβος τίνων πέρι;

Phoen. 1728 Oedipus ὅδ' εἰμὶ μοῦσαν ὃς ἐπὶ καλλίνικον | οὐράνιον ἔβαν | παρθένου κόρας αἴνιγμ' ἀσύνετον εὑρών.

Phoen. 787 wird Ares angerufen: οὐκ... μέλπει μοῦσαν, ἐν ᾇ χάριτες χοροποιοί.

Hipp. 451 ὅσοι μὲν οὖν γραφάς τε τῶν παλαιτέρων | ἔχουσιν αὐτοί τ' εἰσὶν ἐν μούσαις ἀεί, | ἴσασι μὲν Ζεὺς ὥς ποτ' ἠράσθη γάμων | Σεμέλης. μ. bedeutet Lieder, Sagen.

Phoen. 1026 ist von der Sphinx die Rede, ἅ ποτε... νέους πεδαίρουσ' ἄλυρον ἀμφὶ μοῦσαν... ἔφερες ἔφερες ἄχεα πα-

---

* Durch γάμους Κύπριδος wird *Aesch. Suppl.* 1033 geschützt, wo Weil γάμος Κυθερείας in Κ. τέλος ändern will.

τρίδι. Das Rätsel der Sphinx wird eine ἄλυρος μοῦσα genannt. Dies führt uns über zu einer neuen Bedeutung.

γ) μ. = Rätsellied.

Phoen. 49 τυγχάνει δέ πως | αἴνιγμ' ἐμὸς παῖς Οἰδίπους Σφιγγὸς μαθών etc. Schol. erwähnt eine alte Variante Μούσας für αἴνιγμα: dies sei auch besser. Gewiss, denn das gewöhnliche Wort αἴνιγμα konnte viel eher ein ursprüngliches μούσας, das in dieser Bedeutung ungewöhnlich ist, verdrängen als umgekehrt.

δ) μ. = Weissagung.

J. A. 1064 μάντις ὁ φοιβάδα μοῦσαν εἰδώς... Χείρων. Leicht kann eine Prophezeihung μοῦσα heissen; Orakel gehören ja der Form nach ins Gebiet der Poesie; ist doch Apollo Gott der Leier und der Mantik.

Götternamen, die sich mit der Bezeichnung des entsprechenden Gegenstands decken.

1. Okeanos — Ozean; Flussgott — Fluss.

Or. 1375 Phryger: πᾶ φύγω, ξέναι, πολιὸν αἰθέρ' ἀμπτάμενος ἢ πόντον, Ὠκεανὸς ὃν ταυρόκρανος ἀγκάλαις ἑλίσσων κυκλοῖ χθόνα.

Rhes. 346 ἥκεις ὦ ποταμοῦ παῖ, | ἥκεις, ἐπλάθης Φρυγίαν πρὸς αὐλὰν | ἀσπαστός, ἐπεί σε χρόνῳ | Πιερὶς μάτηρ ὅ τε καλλιγέφυρος ποταμὸς πορεύει | Στρύμων, ὅς ποτε τᾶς μελῳδοῦ | Μούσας δι' ἀκηράτων | δινηθεὶς ὑδροειδὴς | κόλπων σὰν ἐφύτευσεν ἥβαν.

Hek. 450 ἢ Δωρίδος ὅρμον αἴας, | ἢ Φθιάδος, ἔνθα καλλίστων ὑδάτων πατέρα | φασὶν Ἀπιδανὸν γύας λιπαίνειν;

Tro. 28 πολλοῖς δὲ κωκυτοῖσιν αἰχμαλωτίδων | βοᾷ Σκάμανδρος δεσπότας κληρουμένων.

Rhes. 927 die Muse schickte ihren Sohn Rhesos ἐς εὔυδρον πατρὸς δίνας.

2. Von einer Mischung der Vorstellungen von der Erde und der Erdgöttin ist kein Beispiel vorhanden, wohl aber ein bemerkenswertes, wo beide ausdrücklich differenziert sind, *Phoen. 670* ἔνθεν ἐξανῆκε Γᾶ (nicht γᾷ zu schreiben!) πάνοπλον

ὄψιν. ὑπὲρ ἄκρων ὅρων χθονός. σιδαρόφρων δέ νιν φόνος πάλιν ξυνῆψε γᾷ φίλᾳ.

3. Sonnengott — Sonne.

Med. 1251 Chor: ἰὼ Γᾶ τε καὶ παμφαὴς | ἀκτὶς Ἀελίου, κατίδετ᾽ ἴδετε τὰν | ὀλομέναν γυναῖκα, πρὶν φοινίαν | τέκνοις προσβαλεῖν χέρ᾽ αὐτοκτόνον· | σᾶς γὰρ χρυσέας ἀπὸ γονᾶς | ἔβλαστεν, θεοῦ δ᾽ αἷμα πέδοι πίτνειν φόβος ὑπ᾽ ἀνέρων | ἀλλά νιν, ὦ φάος διογενές, κάτειρ- | γε κατάπαυσον*. Vgl. *Med. 746*.

4. Χάριτες — χάριτες.

Phoen. 787 μοῦσαν ἐν ᾇ χάριτες χοροποιοί. *Herc. f. 673* οὐ παύσομαι τὰς Χάριτας | Μούσαις συγκαταμιγνύς,** | ἀδίσταν συζυγίαν. | μὴ ζῴην μετ᾽ ἀμουσίας.

5. Ἁρμονία.

Med. 830 ἔνθα (in Athen) ποθ᾽ ἁγνὰς ἐννέα Πιερίδας Μούσας λέγουσι ξανθὰν Ἁρμονίαν φυτεῦσαι. Haupt p. 174. Ἁρμονία ist nicht die mythologische Persönlichkeit, Kadmos' Gemahlin (obgleich auch diese ξανθή heisst *Kallimach. fr. 104*), sondern die personifizierte ἁρμονία, die durch das Epitheton ξανθή zu einer vorübergehenden Individualität gelangt. Diese ist aber hier nicht Subjekt, wie Elmsley und andere meinen, sondern **Objekt** zu φυτεῦσαι, nicht Mutter, sondern **Erzeugnis der Musen**.

---

* An den Stellen, wo Euripides Helios auf dem Sonnenwagen einführt (*J. A. 156 f. Jon 41 f. 82 f. Archelaos fr. 228,5. Phaethon fr. 771*), sollte man Ἥλιος gross schreiben, was nicht an allen Stellen von den Herausgebern geschieht. — *Phoen. 175* ὦ λιπαροζώνου θύγατερ Ἁλίου, Σελαναία, χρυσεόκυκλον φέγγος liegt keine bemerkenswerte Vermischung der Vorstellungen vor. Badham und Nauck wollten statt Ἁλίου schreiben: ἁ Λατοῦς, und Haupt hatte diese Stelle in dieser Fassung angeführt als besonders klares Beispiel für jene Vermischung, aber nachher selbst *Herm. I 26 (= op. III 318)* die Richtigkeit der Überlieferung überzeugend nachgewiesen.

** Eine den griechischen Dichtern sehr geläufige Wendung. Vgl. *Meleager ep. 126 (VII 419)* Μελέαγρος, ὁ τὸν γλυκύδακρυν Ἔρωτα καὶ Μούσας ἱλαραῖς συστολίσας Χάρισιν; vgl. *Meleag. 128 (VII 421)* und das Gedicht Βωμός *A. P. XV 25* (Häberlin *carm. figur.* p. 75,4) σὺν οὐρανοῦ γὰρ ἐκγόνοις εἶνάς μ᾽ ἔτευξε γηγενής, d. h. dies Gedicht ist ein gemeinsames Werk der Musen und der Chariten.

6. **Abstrakte Begriffe werden dem Dichter vorübergehend unter der Hand zu Persönlichkeiten:** πενία, τυραννίς, φιλοτιμία, λύπη, πλοῦτος.

Archelaos fr. 248 οὐκ ἔστι πενίας ἱερὸν (χεῖρον F. W. Schmidt) αἰσχίστης θεοῦ.

Archel. fr. 250 τυραννίδ', ἡ θεῶν δευτέρα νομίζεται. Vgl. damit

Phoen. 506 τὴν θεῶν μεγίστην ὥστ' ἔχειν τυραννίδα.

Phoen. 531 τί τῆς κακίστης δαιμόνων ἐφίεσαι | φιλοτιμίας, παῖ; Interessant sind die beiden folgenden Stellen:

Or. 398 Orest: λύπη μάλιστά γ' ἡ διαφθείρουσά με. Menelaos: δεινὴ γὰρ ἡ θεός, ἀλλ' ὅμως ἰάσιμος. Nachdem die λύπη als θεός bezeichnet ist, fällt der Dichter sofort wieder in die appellative Auffassung zurück: »und doch ist sie heilbar«. Herwerden verkennt diesen Sachverhalt vollständig, wenn er δεινή γε νοῦσος schreiben will.

Aeolus fr. 20 μὴ πλοῦτον εἴπῃς· οὐχὶ θαυμάζω θεόν, | ὃν χὠ κάκιστος ῥᾳδίως ἐκτήσατο.

7. **Aëdon — Nachtigall.**

Phaethon fr. 773, v. 23 μέλπει δ' ἐν δένδρεσι λεπτὰν | ἀηδὼν ἁρμονίαν | ὀρθρευομένα γόοις Ἴτυν Ἴτυν πολύθρηνον.

Rhes. 549 καὶ μὴν ἄϊω, Σιμόεντος | ἡμένα κοίτας | φοινίας ὑμνεῖ πολυχορδοτάτᾳ | γήρυϊ παιδολέτωρ μελοποιὸς ἀηδονὶς μέριμναν.

Die Reste der übrigen Tragiker.

1. Ἄρης.

Jon von Chios 63 οὐ γὰρ λόγοις Λάκαινα πυργοῦται πόλις, | ἀλλ' εὖτ' ἂν Ἄρης νεοχμὸς ἐμπέσῃ στρατῷ, | βουλὴ μὲν ἄρχει, χεὶρ δ' ἐπεξεργάζεται. *Ἄ.* ist fast ganz persönlich gedacht.

Adesp. 72 ἐς Οἰδίπου δὲ παῖδε, διπτύχω κόρω, | Ἄρης κατέσκηψ'.

2. Κύπρις.

Achaeus 6 ... ἐν | κενῇ γὰρ γαστρὶ τῶν καλῶν ἔρως | οὐκ ἔστι· πεινῶσιν γὰρ ἡ Κύπρις πικρά.

Adesp. 186 πλήρει γὰρ ὄγκῳ γαστρὸς αὔξεται Κύπρις.
Adesp. 397 λήγει δὲ Κύπρις θαλίαι τε νέων.
Ad. 154 λαθραίαν Κύπριν, αἰσχίστην νόσων.
Ad. 409 ὕβρις τάδ', οὐχὶ Κύπρις ἐξεργάζεται (Wortspiel zwischen ὕβρις und Κύπρις).

3. Ἅιδης.
   a. Örtliche Bedeutung.
Adesp. 369 λιμὴν γὰρ Ἀΐδας ἀνιᾶν.
Ad. 372,4 ἅπαντ' ἐς Ἅιδην ἦλθε καὶ Λήθης δόμους.
   b. Ἅ. = Tod.
Lykophron 5 ἀλλ' ἡνίκ' ἂν μὲν ᾗ πρόσω τὸ κατθανεῖν, | Ἅιδης ποθεῖται τοῖς δεδυστυχηκόσιν.
Adesp. 127,8 (= Bergk *P. L. G.* III p. 745) ἄφνω δ' ἄφαντος προσέβα | μακρὰς ἀφαιρούμενος ἐλπίδας | θνατῶν πολύμοχθος Ἅιδας; persönliche Bedeutung von Ἅ. spielt herein.

4. Μοῦσα.
Adesp. 395 κακῶν κατάρχεις τήνδε μοῦσαν εἰσάγων*.

Götternamen, die sich mit der Bezeichnung des entsprechenden Begriffs decken.

Moschion fr. 6,15 ἦν δ' ὁ μὲν νόμος | ταπεινός, ἡ βία δὲ σύνθρονος Διί.
Hippothoon 2 φθόνος κάκιστος κἀδικώτατος θεός.
Adesp. 570 οἶνος μ' ἔπεισε, δαιμόνων ὑπέρτατος**.

---

* *Adesp. 464* κάλλιστα μουσᾶν φθέγγεται πλουτῶν ἀνήρ ist an der Stelle worauf es ankommt verderbt.

** Tryphon p. 195,26 und die übrigen Autoren περὶ τρόπων verstehen den Vers falsch, wenn sie ihn als Beleg dafür anführen, dass Οἶνος den Gott Dionysos selbst bezeichnen kann. Vielmehr reiht er sich den p. 70 unter n. 5 angeführten sophokleischen und den euripideischen Stellen p. 88 (n. 6) an. Vgl. noch Plautus bei Serv. *Aen. I 724 (fr. 267* Winter): *vinum precamur: nam hic deus praesens adest* und die Übertragung des Verses durch einen Anonymus bei Festus p. 153 (Ribb. *Com. Rom.* p. 122) *persuasit animo vinum, deus qui multost maximus*. οἶνος ist appellativ gesagt, aber dann wird der Begriff zum Gott erhoben. Ob der Vers einer Tragödie oder Komödie entnommen ist, ist nicht zu entscheiden. Meineke *fr. com. gr.* IV 694. Kock *com. att. fr.* III p. 619.

Der metonymische Gebrauch von Götternamen in der alexandrinischen Poesie.*

1. Ἄρης, Ἐννάλιος, Ἐννώ.

   a. Ἄ. = Kampf, Krieg.

   Theokrit 22,175 διακρινώμεθ' Ἄρηι (homerisch: B 385).
   Apollon. III 183 εἴτ' Ἄρηι συνοισόμεθ'.

---

* Da von keinem alexandrinischen Dichter erheblich viel erhalten ist, ist es, um den Stoff nicht zu sehr zu zersplittern, mehr angebracht, den Sprachgebrauch der alexandrinischen Periode im allgemeinen zu betrachten. — Es wurden benutzt für Kallimachos und Nikander die Schneiderschen Bearbeitungen; Apollonius *ed.* Merkel; Arat *ed.* Bekker; Lykophron *ed.* Scheer; *Philetae Hermesianactis Phanoclis reliquiae ed.* Bach Halle 1829; die Bukoliker sind zitiert nach der Ausgabe von Meineke *ed. III* Berl. 1856; für die alexandrinischen Epiker sind Meinekes *Analecta alexandrina* benützt; was dort nicht abgedruckt ist, wurde bei Düntzer, die epischen Fragmente der Griechen, nachgesehen. *Corpusculum poeseos epic. graec. ludibundae vol. I ed. P. Brandt; vol. II ed. Wachsmuth; Eratosthenis carminum rell. ed. Hiller;* Ezekielos' ἐξαγωγή bei Eusebius *pr. ev. IX 29;* das pseudophokylideische Gedicht Bergk *P. L. Gr. II* 74 ff.; *Oracula Sibyllina (ed. Alexandre)* III v. 97—828; der sog. Skymnos von Chios bei Müller *Geogr. Gr. min.* I 196—237 (bei welchem sich aber nichts Einschlagendes findet); Isyllos von Epidauros, bei Wilamowitz in der gleichnamigen Schrift. Die Anthologie ist nach der nach Dichtern geordneten grossen Ausgabe von Jacobs, *Anth. graeca sive poetarum graecorum lusus,* Lpz. 1794 ff. zitiert, und zwar ist *vol.* I *p.* 1—40, p. 117—258; *vol.* II *p.* 1—140 benutzt. Die Zahlen der palatinischen Anthologie sind in Klammern beigefügt. Nur die Epigramme des Kallimachos und Theokrit sind nach den obenerwähnten Ausgaben zitiert. Von den anonymen Epigrammen wurde im Allgemeinen abgesehen.

Ebenso wurden die Anakreonteen, obgleich diese Dichtungsgattung in ihren Anfängen wohl in die alexandrinische Zeit hinaufreicht, —

ibid. 393 πρόφρονές εἴμεν Ἄρηϊ θοὴν ἀποτῖσαι ἀμοιβήν.
Orakel *Phlegon mirab. 3 p. 127 West.** ὦ πατρίς, οἷόν σοι
λυγρὸν φέρει Ἄρη Ἀθήνη.
Apollon. II 796 οὐδέ ἑ φημὶ | ἤματι τῷδ᾽ ἀέκητι θεῶν ἐπελάσσαι Ἄρηα | Τυνδαρίδην Βέβρυξιν.
Kallim. h. Del. 172 ἐφ᾽ Ἑλλήνεσσι μάχαιραν | βαρβαρικὴν
καὶ Κελτὸν ἀναστήσαντες Ἄρηα | ὀψίγονοι Τιτῆνες. Zugrunde liegt die homerische Wendung φυλόπιδα στήσειν
(Schneider).
Apoll. III 1384 ἐπειγόμενος ἐς Ἄρηα, eine kleine Umbiegung des homerischen ἐπειγόμενός περ Ἄρηος Τ 142 (p. 14).
Bion II 12 οὐδέ τις Ἕλλην ... μεῖνεν ἑὸν κατὰ δῶμα φυγὼν
δύστανον Ἄρηα**.
Kaibel n. 187 Εὔ[θ]υδάμ[ῳ], | ὅς ποκ᾽ ἐν ἀμφιάλῳ πρᾶτος
ἐ[γ]έ[ν]τ᾽ Ἰθάκας | καὶ βουλᾷ καὶ χερσὶν ἐς Ἄρεα.
Apollon. II 870 οὐ μὲν Ἄρηος | ἴδριν ἐόντα ... ὅσον τ᾽
ἐπιίστορα νηῶν. Wozu vgl.
ibid. I 188 ἴστορε δ᾽ ἄμφω | ἠμὲν ναυτιλίης ἠδ᾽ Ἄρεος
εὐχετόωντο.
[Theokr.] 25,279 ἕρκος Ἐνναλίου ταμεσίχροος ἰωχμοῖο
nach dem homerischen ἕρκος πολέμοιο Α 284.
Nikias ep. 2 (VI 127) δῆριν Ἄρηος ἐκπρολιποῦσα.

Anakreon ist in dieser Zeit sehr beliebt; in den Epigrammen der Anthologie ist er eine stehende Figur — von der Behandlung ausgeschlossen.
Doch sei hier bemerkt, dass gerade die Anakreonteen reich an metonymischem Gebrauch von Götternamen sind. Natürlich ist es besonders
der Name des Weingotts, der so verwendet wird (Βάκχος 47,1 ff.; 48,9;
57,9; Βρόμιος 17,2; Διόνυσος 42,1; Λύαιος 35,3) und der der Liebesgöttin
(Κύπρις 39,8; 34,16; Ἀφροδίτη 47,8; Παφίη für Liebesgenuss 16,37). Τιτάν
für die Sonne 44,8; μοῦσα 2 Β, 48; 56,34.

* Dieses und die folgenden aus Phlegon angeführten Orakel sind
alle vorgebracht im Zusammenhang mit einer Wundergeschichte, die
im syrischen Krieg nach dem Sieg bei den Thermopylen, 191, gespielt
haben soll. Phlegon hat die Geschichte von einem, wie es scheint, sonst
unbekannten Peripatetiker Antisthenes, und wir können nur sagen, dass
die Geschichte nach 191 und vor Phlegon entstanden ist; näheres wissen
wir nicht. Doch mag sie (und die Orakel) nicht allzu spät nach dem
syrischen Krieg ihren Ursprung haben.
** So liest nach Hermann Meineke. Die Überlieferung φέρων δυστ.
Ἄρηα befriedigend zu erklären, ist nicht möglich.

Hegesipp. ep. 1 (VI 178) στυγερὰ δῆρις Ἐνυαλίου.
Mnasalc. ep. 4 (VI 125) κατὰ βλοσυρὸν φλοῖσβον Ἐνυαλίου
An den letzteren drei Stellen kann Ἄρης bezhw. Ἐννάλιος persönlich wie auch metonymisch aufgefasst werden. Für metonymische Auffassung vgl. oben p. 38 zu Kaibel n. 752.

b. *Ἄ.* = Heeresmacht.

Apollon. I 1023 ἀλλά που ἀνδρῶν | Μαχριέων εἴσαντο Πελασγικὸν Ἄρεα κέλσαι. Bloss an dieser Stelle weicht Apollonius von dem homerischen Sprachgebrauch ab, der *Ἄ.* metonymisch nur für Kampf gebraucht. Er folgt hier einem Sprachgebrauch, der besonders unter dem Einfluss der Tragiker entstanden zu sein scheint, Ἄρης in dieser Bedeutung mit einem Ethnikon zu verbinden, vgl. oben p. 71.

So fasse ich auch auf

Kallim. fr. 226 εἰμὶ τέρας Καλυδῶνος, ἄγω δ' Αἰτωλὸν Ἄρηα. Die Litteratur zur Erklärung dieses Fragments giebt Schneider. Dass wir es hier mit der Inschrift des Schilds des Tydeus zu thun haben, die dem den Schild schmückenden Eber in den Mund gelegt wird, nimmt man seit Nāke wohl mit Recht an: τέρας Καλυδῶνος kann kaum etwas anderes sein. Nun soll aber der Eber sagen: ἄγω δ' Αἰτωλὸν Ἄρηα. *Schol. Eur. Phoen. 134* führt den Vers mit den Worten an: Ἄρη δ' Αἰτωλόν· ὡς ἔχοντος αὐτοῦ (Tydeus) ἐπὶ τῆς ἀσπίδος τὸν περὶ τοῦ συὸς πόλεμον· Καλλίμαχος· εἰμὶ κτλ. Der Scholiast versteht also unter Αἰτωλὸν Ἄρηα die kalydonische Jagd. Schneider scheint zu glauben, dass Αἰτ. Ἄρηα bei Kallimachos dieselbe Bedeutung habe, welche der Scholiast für die Euripidesstelle durch Anführung des kallimacheischen Verses zu belegen sucht. Der alte Grammatiker allerdings mag die Kallimachosstelle so aufgefasst haben: »der ätolische Kampf«. Aber das ist nicht massgebend für die Interpretation. Was sollte dann ἄγω bedeuten? Auch dass es bedeute »ich bring' Ätoliens Ares«, d. i. den Tydeus (Hertzberg Z. f. Altertumsw. 1847, p. 37), ist nicht glaublich: man kann von dem Schildzeichen nicht gut sagen, dass es den Träger des Schildes führt, ἄγει. Die ungezwungenste Interpretation scheint mir zu sein: »ich führe Ätoliens Heer an«; das lässt sich ganz gut von dem Eber auf dem Schild des Heerführers sagen. Die ätolische Heeresmacht ist die von Tydeus zum Zug der Sieben aus Ätolien mitgebrachte. Indessen ist zu betonen, das eine durchaus sichere Interpretation des aus seinem Zusammenhang gerissenen Verses nicht gegeben werden kann.

Alcaeus ep. 22 (VII 247) nennt die Toten von Kynoskephalae Αἰτωλῶν δμηθέντες ὑπ' Ἄρεος ἠδὲ Λατίνων.
Archias ep. 18 (VII 147) βαρὺν Τρώων, Αἴαν, ἔμεινας Ἄρη.
Antip. Thess. ep. 14 (IX 428) ἀείδω δ' ὑπὸ σοὶ δεδμημένον Ἄρεα Βεσσῶν.
Orakel *Phleg. mir. 3 p. 126 West.* ἴσχεο νῦν, ʿΡωμαῖε, δίκη δέ τοι ἔμμονος ἔστω, | μή σοι ἐφορμήσῃ Παλλὰς πολὺ φέρτερον Ἄρη.
ibid. p. 130 ἥξει γὰρ χθόνα τήνδε πολὺς καὶ κάρτερος Ἄρης, | ὃς λαὸν μὲν ἔνοπλον ὑπὸ σκότον Ἄϊδι πέμψει.
Or. Sibyllin. III 164 Ἰταλίη, σοὶ δ' οὔτις Ἄρης ἀλλότριος ἥξει, | ἀλλ' ἐμφύλιον αἷμα πολύστονον.

c. Ἄ. = Eisen, Waffen.

[*Antimachos*] *A. P. IX 321**: Epigramm auf eine bewaffnete Aphrodite: Τίπτε, μόθων ἄτλατε, Ἐνυαλίοιο λέλογχας, Κύπρι;

Während bis jetzt nur die Waffen als Kollektivbegriff mit Ἄρης (beim Lyriker Alcaeus 15) oder Ἐνυάλιος bezeichnet wurden, wird nun eine einzelne Waffe, das Schwert, so bezeichnet *Antip. Thess. ep. 26 (VII 531)* βαψαμένη κοίλων ἐντὸς Ἄρη λαγόνων. Eingewirkt haben mag auf diesen Gebrauch die Interpretation der Homerstellen N 567 ff. u. P 527 ff., wo man Ἄρης schlankweg als σίδηρος fasste (s. o. p. 12 f.).

d. Eine eigentümliche und vereinzelt dastehende Schattierung hat Ἐνυάλιος im ep. 28 des Krinagoras *(IX 283)*: Γερ-

---

* Das Epigramm steht in der Anth. Pal. unter Antimachos' Namen; in der Planudea ist es anonym. Jedenfalls hat man es mit Recht dem Antimachos abgesprochen und in die alexandrinische Zeit gewiesen. Dahin weist schon der dorische Mischdialekt. Blosse Spielerei ist es, wenn die einen es dem Kallimachos, die anderen einem Antipater zuschreiben wollen. S. Bergk *P. L. G. Antimachos fr. 17*. Schneider *Callim. ep. inc. 9*.

μανικός ... ἀστράπτων Κελτοῖς πουλὺν Ἐννάλιον, wo etwa »Vernichtung durch Krieg, Verderben« zu erklären ist. Lykophron, der alles Gewöhnliche in der Sprache ängstlich vermeidet, gebraucht Ἄρης für den Krieg, obgleich er dazu Gelegenheit genug hätte, bezeichnenderweise nie; er sagt Ἐννώ. v. 462 ὁ Λήμνιος πρηστὴρ Ἐννοῦς; vgl. 861, wo Achill πρηστὴρ δαΐου μάχης genannt ist. In der Folgezeit wird Ἐννώ für den Krieg häufiger angewendet. (Haupt p. 169 unten.)

2. Ἥφαιστος.

Ἥ. ist, wie von jeher, so auch von den Alexandrinern sparsam metonymisch gebraucht worden.

Lykophr. 1155 αἷς ἀκτέριστος ἐν ξένῃ ξέναις τάφος | ψάμμῳ κλύδωνος λυπρὸς ἐκκλυσθήσεται, | ἐπὴν ἀκαρποῖς γυῖα συμφλέξας φυτοῖς | Ἥφαιστος εἰς θάλασσαν ἐκβρίσῃ σποδὸν | τῆς ἐκ λόφων Τράρωνος ἐφθιτωμένης. Unbedingt muss Ἥ. nicht metonymisch aufgefasst werden.

Theokr. II 133 Ἔρως δ'ἄρα καὶ Λιπαραίου | πολλάκις Ἡφαίστοιο σέλας φλογερώτερον αἴθει; über Ἡφαίστου σέλας vgl. zu *Pind. Pyth. III 39* (oben p. 47). Doch hier ist metonymische Auffassung entschieden vorzuziehen, wegen des Zusatzes Λιπαραίου.

Leonid. ep. 43 (IX 179) auf einen aus Weihrauch geschnitzten Eros: ὀψέ ποθ' Ἡφαίστῳ κεῖται σκοπός, ὃν καθορᾶσθαι | ἔπρεπεν οὐκ ἄλλως, ἢ πυρὶ τυφόμενον.

3. Κύπρις, Ἀφροδίτη

ist bei den Alexandrinern, besonders den Epigrammatikern, der conventionelle Ausdruck für Liebe und die einzelnen Momente der Liebe, wozu es schon bei Euripides geworden war. Kühnere Gebrauchsübertragungen, wie bei Euripides, finden sich hier nicht.

Mehr persönlich ist K, aufzufassen:

Meleag. ep. 19 (XII 84) ἀρά γε τὴν πικρὰν προφυγὼν ἅλα, πουλύ τι κείνης | πικροτέρην χέρσῳ κῦμα περῶ Κύπριδος und *ep. 45 (XII 167)* τὸν ναύτην Κύπριδος ἐν πελάγει.

An den übrigen Stellen ist K. ganz metonymisch:

Lykophr. 1042 bezeichnet Kassandra den jüngeren Aias, der sie entehrt hat, als στρατηλάτην ἀθεσμόλεκτρον, Κύπριδος λῃστὴν θεᾶς. Natürlich ist Κύπριδος nicht mit Schol. Marc.

τῆς παρθενίας, sondern durch μίξεως zu erklären. Bemerkenswert ist der Zusatz θεᾶς, durch den die Vorstellung der Göttin noch hereingeschoben wird; dies ist hier nicht, wie es gewöhnlich zu sein pflegt, eine Mischung der Vorstellungen, die sich dem Dichter von selbst ergiebt, sondern sie ist wegen ihrer Seltsamkeit beabsichtigt.

Lykophr. 112 wird Paris apostrophiert: nach dem ersten Beilager werde Nereus ihm Helena entführen und ein Trugbild an ihre Stelle setzen: τὴν δευτέραν ἶσολον οὐκ ὄψει Κύπριν (= μίξιν Paraphr.).

Philetas ep. 1 (VI 210) weiht eine ehemalige Hetäre ἐς νηὸν Κύπριδος ihre Toiletteartikel, πάσης Κύπριδος ὀπτασίην. Wieder einmal ein charakteristisches Beispiel dafür, dass bei metonymischem Gebrauch eines solchen Götternamens der Gedanke an die Gottheit fernliegt; sonst würde nicht in einer Weihung an Kypris dieser Name dicht neben dem der Göttin ganz appellativ gebraucht werden.

Antip. Sidon. 76 (VII 30) auf Anakreons Grab: ἐν δ' Ἀχέροντος | ὢν, ὅλος ὠδίνεις Κύπριδι θερμοτέρῃ.

Meleag. 123 (VII 428) καί που περὶ Κύπριν | πρᾶτος, κἠν μούσαις ποικίλος ὑμνοθέτας.

Philodem 1 (XII 173) ἡ μὲν ἑταίρη | Δημώ· ἡ δ' οὔπω Κύπριν ἐπισταμένη.

Skythinos A. P. XII 22* ἀγρυπνήσω | πολλάκι τῇ κενεῇ Κύπριδι χειρομαχῶν.

Kaibel n. 89 ἡ δ' ὁσίαν στέρξασα λέχους Κύπ[ριν χέ]εν ἡμῖν | χῶμα καὶ ἐν ξεστῷ γράμμ' ἐτύπωσε πέτρῳ.

Pseudophokyl. 3 μήτ' ἄρσενα Κύπριν ὀρίνειν.

ibid. 61 σεμνὸς ἔρως ἀρετῆς· ὁ δὲ Κύπριδος αἶσχος ὀφέλλει.

ibid. 190 μὴ παραβῇς εὐνὰς φύσεως εἰς Κύπριν ἄθεσμον.

Autip. Sid. 83 (VII 218) (die Liebhaber des Laïs) δρεπτόμενοι χάριτας καὶ ὠνητὴν Ἀφροδίτην.

4. Ἀΐδης.

Dieser Name kommt auch bei den Alexandrinern ungemein häufig vor, um die Unterwelt oder den Tod zu bezeichnen;

---

* Das Epigramm gehört frühestens in alexandrinische Zeit: Bergk P. L. G. II p. 508.

weitere Bedeutungen kommen nicht vor. Dass es eigentlich der Name des Totengottes ist, daran denkt man dabei nicht; ein charakteristisches Beispiel dafür haben wir *Kallim. h. Jov. 60 δηναιοὶ δ' οὐ πάμπαν ἀληθέες ἦσαν ἀοιδοί· | φάντο πάλον Κρονίδῃσι διάτριχα δώματα νεῖμαι. | τίς δέ κ' ἐπ' Οὐλύμπῳ τε καὶ Ἄιδι κλῆρον ἐρύσσαι |* (folgt eine von Schneider konstatierte Lücke) *ὃς μάλα μὴ νενίηλος*; Kallimachos polemisiert an dieser Stelle gegen die Anschauung, dass die drei Kroniden (Zeus, Poseidon, Hades) die Welt unter sich geteilt hätten. Unter *Κρονίδῃσιν* ist auch Hades mit inbegriffen, trotzdem wird auch das Reich, das ihm nach der Anschauung gewisser Dichter zugefallen sein soll, Hades genannt; dies wird dem Dichter freilich leicht gemacht dadurch, dass der Name des Gottes nicht direkt genannt ist.

a. *Ἀ.* = Unterwelt.

εἰς Ἅιδην oder *εἰς Ἀίδην* ist ganz gewöhnlich: *Kallimach. ep. 25. Lykophr. 497. Theokr. IV 27. Apollon. III 61, Pseudophokyl. 104. Asklepiad. ep. 21 (V 85). Leonid. ep. 70 (VII 472), v. 2 u. 8; 79 (VII 731). Antip. Sid. 1 (XI 23), 3 u. 6; 89 (VII 423). Antip. Thess. 6; 46; 47 (IX 112; 96; 23). Theodorid. 13 (VII 529). Phanias 4 (VI 297). Perses 5 (VII 539). Myrinos 2 (VI 254). Tymnes 5 (VII 477). Meleag. 124 (VII 468). Kaibel n. 204 b; 215; 231; 238; 248; 258; 474.*

Ἀίδην für *εἰς Ἀίδην*: *Timon. fr. 48 Wachsm.*[2] *ὄφρα μή ... Ἄιδα δύῃ* (hierin über Homer, den er ja parodiert, hinausgehend). *Meleag. 122 (VII 470) ἤλυθον Ἄιδαν.*

Ἀίδην oder *εἰς Ἀίδην* mit Epitheta. *Lykophr. 813 ἄστρεπτον Ἅιδην δύσεται. Theokr. I 63 εἰς Ἀίδην γε τὸν ἐκελαθόντα. Krinag. 38 (VII 633) εἰς ζοφερὸν Ἀίδην*; wozu man noch stellen kann *Theokr. 16,52 Ἀίδαν τ' εἰς ἔσχατον ἐλθών* (wo *ἐσχ.* nicht *epitheton ornans* ist).

εἰν Ἀίδῃ war bis jetzt nur einmal nachweisbar: *Euripides El. 122* (p. 78). Bei den Alexandrinern erst wird diese Wendung häufig: *Kallim. hymn. Dian. 222; ep. 5; 15. Hermesianax fr. 5 v. 20 p. 128 Bach. Dioscor. 35 (VII 178). Leonid. 97 (VII 408). Antip. Sidon. 80 (VII 65). Krinag. 34 (IX 81). Simonides (?) 184 Bgk.*

Wie bei εἰς Ἀΐδην, so lässt man auch bei εἰν Ἀΐδῃ die Präposition manchmal weg und sagt Ἀΐδῃ. Doch ist dies selten: *Zenodot von Ephesus epigr. 2 (VII 315)* Τίμων, οὐδ' Ἀΐδῃ γνήσιός εἰμι νέκυς. *Theokr. 17,120* schreibt Meineke mit Haupt: Ἄϊδι πάντα κέκρυπται für das sinnlos überlieferte ἄερι πᾷ κέκρυπται. Durch κατ' Ἄϊδος ist die Ortsbestimmung ausgedrückt *Alpheios epigr. 12 (IX 95)*.

Sonstige Stellen an denen Ἀΐδης diese Bedeutung hat:

Lykophr. 564 wird von den Dioskuren gesagt: καὶ τοὺς μὲν Ἄιδης, τοὺς δ' Ὀλύμπιοι πλάκες | παρ' ἦμαρ ἀεὶ δεξιώσεται ξένους, wo Ἄιδης deshalb lokal gefasst werden muss, weil es mit Ὀλύμπιοι πλάκες in eine Linie gestellt wird.

Leonid. 66 (VII 452) κοινὸς πᾶσι λιμὴν Ἀΐδης. Vgl. *Pseudophokyl. 106* Ἄιδης, ξυνὸς χῶρος ἅπασι.

Plato (?) ep. 25 (A. P. VII 265 = fr. 11 Bgk.) καὶ γαίῃ ξυνὸς ὕπεστ' Ἀΐδης.

Kaibel n. 241 Ἄιδαν ἐγκύρσαντες ἀλάμπετον.

Orakel *Phlegon mir. 3 p. 129 West.* αἵματι δὲ πλήσει ποταμοὺς, πλήσει δὲ καὶ Ἄιδην.

Apollon. IV 1699 αὐτοὶ δ' εἴτ' Ἀΐδῃ, εἴθ' ὕδασιν ἐμφορέοντο, | ἠείδειν οὐ τόσσον.

b. Ἀ. = Tod.

Arat. 298 ὀλίγον δὲ διὰ ξύλον Ἄϊδ' ἐρύκει ein armes Stück Holz (das Schiff) schützt den Seemann vor dem Tod.

Nikander Ther. 180 ὅτ' ἀντομένοισιν ὀδουρὸς Ἄϊδα προσμάξηται ἐπὶ ζαμενὲς κοτέουσα.

Leonid. 96 (VII 283) Ἀΐδαο κακὴν ἐπιειμένος ἀχλύν.

Alcae. ep. 10 (XVI 8) dem Marsyas λωτοί ... ὤπασαν ἐξ ἀέθλων | οὐ στέφος, ἀλλ' Ἀΐδαν.

Diotim. 8 (VII 420) Λέσβον ὁ λυσιμελὴς ἀμφεκάλυψ' Ἀΐδης.

Antip. Sidon. 100 (VII 252) ist von den 300 Spartanern die Rede, die bei Thermopylä starben, Ἀΐδαν στέρξαντες ἐνόπλιον*.

id. 84 (VII 493) πάτρας ὅποτ' ἔφλεγεν ἄστυ Κορίνθου | γοργὸς Ἄρης, Ἀΐδαν ἄλκιμον εἱλόμεθα.

Meleag. 125 (VII 182) οὐ γάμον, ἀλλ' Ἀΐδαν ἐπινυμφίδιον Κλεαρίστα | δέξατο.

---

* So schreibt Jacobs für das jedenfalls verderbte ἐνύπνιον.

Meleag. 127 (VII 417) γήρως γὰρ γείτων κἀγγύθεν Ἀΐδεω ist *Α.* am besten als »Tod« zu fassen, weil dem abstrakten Begriffe γήρως ein Abstraktum besser an die Seite gesetzt wird, als ein Konkretum (Gott Hades oder Unterwelt).

c. Stellen, an denen die Bedeutung nicht scharf ausgesprochen ist.

Nikand. Alex. 194 ψυχὴ δ' Ἀϊδωνέα λεύσσει kann man ebensogut »Aidoneus« wie »Tod« übersetzen; doch kommt die Namensform Ἀϊδωνεύς in metonymischer Bedeutung bis in diese Zeit nie vor. Persönliche Auffassung ist daher vorzuziehen.

Asklepiad. 17 (V 162) ἔθιγον τ' Ἀΐδα.
Leonid. 88 (VII 264) τοῖς Ἀΐδεω ... λιμέσιν.
Apollonidas 29 (VII 180) οὐ βαρὺς ἡμῖν | ἔστ' Ἀΐδης.
Antip. Sid. 27 (VI 219), v. 24 ἐξευρεῖν ἔκλυσιν Ἀΐδεω.
id. 43 (XVI 133) gegen Ende: Ἀΐδι τειρομένα.
id. 102 (VII 303) Ἰνοῖ, ἀνοικτίρμων τις ἔφυς θεός, ἢ Μελικέρτεω | ἥλικος οὐκ Ἀΐδην πικρὸν ἀπηλάσαο. (Schwanken zwischen der Bedeutung »Gott Hades« und »Tod«.)

5. **Δημήτηρ.**

Matron convivium att. v. 116 ὡς δὲ ἴδον ξανθὸν, γλυκερὸν, μέγαν, εὔκυκλον, ἁβρὸν | Δήμητρος παῖδ' ὀπτὸν ἐπεισελθόντα πλακοῦντα ... Natürlich ist Δήμητρος persönlich zu verstehen — gerade hierin liegt das komische Pathos der Verse —, doch hat es den metonymischen Nebensinn: »Getreide«. Vgl. *Eubulus fr. 75 Kock* μεμαγμένη δὲ Δήμητρος κόρη | κοίλην φάραγγα δακτύλου πιέσματι | σύρει.

6. **Βάκχος.**

Beispiele finden sich nur in der Anthologie.

a. In den folgenden Fällen ist *B.* entweder persönlich gebraucht mit mehr oder weniger starker Beimischung metonymischer Bedeutung, oder Βάκχος lässt sich ebensogut vom Wein wie vom Gott verstehen.

Asklepiad. 9 (XII 50) πίνωμεν Βάκχου ζωρὸν πόμα.
Poseidipp. 11 (V 134) Κέκροπι ῥαῖνε λάγυνε πολύδροσον ἰκμάδα Βάκχου.
Leonid. 85 (VII 440) Βάκχοιο παρὰ κρητῆρας.
Leonid. 37 (XVI 306) extr. sagt mit Bezug auf das Bild

eines trunkenen Anakreon: ἀλλά, πάτερ Διόνυσε, φύλασσέ νιν· οὐ γὰρ ἔοικεν | ἐκ Βάκχου πίπτειν Βακχιακὸν θέραπα. B. bedeutet hier mit beabsichtigtem Doppelsinn den Gott und den Wein.

Antip. Sid. 74 (VII 26) lässt den Anakreon sagen, man solle Wein auf seinen Hügel schütten, damit sich seine Gebeine darüber freuen, μηδὲ καταφθίμενος Βάκχου δίχα τοῦτον ὑποίσω (χῶρον).

Meleag. 6 (XII 49) Ζωροπότει δυσέρως, καὶ σοῦ φλόγα τὰν φιλόπαιδα | κοιμάσει λάθας δωροδότας Βρόμιος.

Hedylos 10 (XI 414) Λυσιμελοῦς Βάκχου καὶ λυσιμελοῦς Ἀφροδίτης | γεννᾶται θυγάτηρ λυσιμελὴς ποδάγρα. Allegorische Ausdrucksweise, die auf dem Doppelsinn von Βάκχος (Gott — Wein) und Ἀφροδίτη beruht.

Antip. Thess. 51 (IX 82) ἐχθρὸς Ἰάκχῳ | πόντος fast persönlich; direkt metonymisch lässt Ἴακχος für Wein in dieser Periode sich nicht nachweisen. Bei den Römern ist dieser Gebrauch nicht selten.

Antip. Sid. 59 (VI 291) ἀβρόμιος καὶ ἄοινος.

b. Rein metonymischer Gebrauch von Βάκχος für Wein.

Antip. Sid. 73 (VII 27) (Anakreon) ἡδὺ μέθυ βλύζων, ἀμφίβροχος εἵματα Βάκχῳ.

id. 90 (VII 353) (ein Becher ist auf einem Grabstein dargestellt) ἐν δὲ τόδ' αἰάζει καὶ ὑπ' ἠρίον, ὅττι τὸ Βάκχου | ἄρμενον οὐ Βάκχου πλῆρες ἔπεστι τάφῳ.

Apollonid. Smyrn. 1 (XI 25) λάβρος δ' εἰς Βάκχον ὀλισθὼν | ἄχρις ἐπὶ σφαλεροῦ ζωροπότει γόνατος.

Philodem. 22 (XI 34) καὶ Μιτυληναίῳ τὸν πνεύμονα τέγξατε Βάκχῳ.

Antip. Thess. 1 (XI 24) ὁ κοῦρος Αὔσονα Βάκχον | οἰνοχοεῖ.

c. Von dem Gott ist die Rede, wobei ein auf den Wein passendes Epitheton hinzugefügt wird, in einem Epigramm des Antipater von Thessalonike *(27 = XVI 290)* auf den Pantomimen Pylades, der in den Bakchen auftrat: οἷα χορεύων | δαίμονος ἀκρήτου πᾶσαν ἔπλησε πόλιν.

In ähnlicher Weise ist von Bakchos und den Nymphen (Wasser) in zwei Epigrammen die Rede:

Dioscor. 5 (XII 170) Σπονδὴ καὶ λιβανωτέ, καὶ οἱ κρητῆρι μιγέντες | δαίμονες ... [d. i. Βάκχος καὶ Νύμφαι], ὑμέας, ὢ σεμνοί, μαρτύρομαι.

Meleag. 113 (IX 331) Αἱ νύμφαι τὸν Βάκχον, ὅτ᾽ ἐκ πυρὸς ἧλαθ᾽ ὁ κοῦρος | νίψαν ὑπὲρ τέφρης ἄρτι κυλινδόμενον. | τοὔνεκα σὺν Νύμφαις Βρόμιος φίλος· ἢν δέ νιν εἴργῃς | μίσγεσθαι, δέξῃ πῦρ ἔτι καιόμενον. Eine Variation des Gedankens von *Euenos 2* (p. 41).

Wir sind hiermit schon eingetreten in die Betrachtung des Gebrauchs von

7. Νύμφαι.

Poseidipp. 18 (VII 170): ein Kind ist in den Brunnen gefallen, stirbt aber erst nachdem es herausgezogen ist: Νύμφας δ᾽ οὐκ ἐμίηνεν ὁ νήπιος. Hier bedeutet *N.* gerade so gut die Gottheiten wie das Wasser.

Besonders gern aber wendet Nikander νύμφαι für Wasser an: *Ther. 622, Alex. 64, 128, 164, 266, 321.* Nikander hat beim Vortrag seiner Rezepte besonders viel Gelegenheit von Wasser zu reden. Der Abwechslung wegen mag er zu dieser Bezeichnung gegriffen haben. Eben aber durch den häufigen Gebrauch, den er von dieser Metonymie macht, ist sie poetisch vollständig entwertet und steht fast gleichwertig neben ὕδατα.*

8. Ζεύς.

Nachdem wir bei *Alkman fr. 48* und *Euripides Kykl. 211* Vorstufen zur Identifikation von Ζεύς mit dem Himmel gefunden haben, ist es unter den Alexandrinern vor allem Arat, der diesen Namen rein metonymisch gern anwendet. Zur Voraussetzung hat dieser Gebrauch bei ihm die Anschauung, dass Zeus mit den übrigen Göttern im Himmel wohnt; die Sterne ziehen dahin θεῶν ὑπὸ ποσσίν (*v. 358*). So kann man denn auch *v. 274* ἤτοι γὰρ καὶ Ζηνὶ παρατρέχει αἰόλος ὄρνις so auffassen, dass dies Sternbild an Zeus vorbeiläuft, unter Ζηνί also hier die Persönlichkeit des Gottes zu verstehen ist. Persönlich lässt sich auch auffassen *v. 964* ὕδατος

---

* *Apollon. Rh. I 501* trägt Orpheus ein Lied von der Entstehung der Welt vor und singt unter Anderem ὡς ποταμοὶ κελαδόντες | αὐτῆσι νύμφῃσι καὶ ἑρπετὰ πάντ᾽ ἐγένοντο. Hier sind die Nymphen gemeint.

ἐρχομένοιο Διὸς πάρα, im Rahmen der homerischen Vorstellung (Διὸς ὄμβρος E 91 u. ö.). Dagegen möchte ich

v. 935 δὴ τότε τις πελάγει ἔνι δείδιε ναυτίλος ἀνήρ, | μή μιν τῇ μὲν ἔχῃ πέλαγος, τῇ δ' ἐκ Διὸς ὕδωρ schon zu den Stellen ziehen, wo Z. den Himmel bedeutet; denn hier stehen sich gegenüber τῇ μὲν (von unten) — τῇ δὲ (von oben, ἐκ Διός); bei persönlicher Auffassung von ἐκ Διὸς würde ein schiefer Gegensatz herauskommen.

Hieran schliessen sich
258 οὐ μέν πως ἀπόλωλεν ἀπευθὴς ἐκ Διὸς ἀστήρ.

251 ist vom Sternbild des Perseus die Rede: *τὰ δ' ἐν ποσὶν, οἷα διώκων, | ἴχνια μηκύνει, κεκονιμένος ἐν Διὶ πατρί.* Mit *πατρὶ* mischt sich wieder die Vorstellung vom Vater Zeus ein.

Voss in seiner Ausgabe bemerkt hierzu, dass *ἐν Διὶ* für *ἐν Διὸς* gesagt wird, wie *εἰν Ἀΐδῃ* für *εἰν Ἀΐδεω*. Und so mag überhaupt die Analogie des metonymischen Gebrauchs von Ἀΐδης zur Entstehung des metonymischen Gebrauchs von Ζεύς beigetragen haben.

899 πάντῃ Διὸς εὐδιόωντος.

Hinzufügen lässt sich noch *884 ὅτε ... γίνεται ἀμβολίη Διόθεν χειμῶνος ἰόντος.*

Wir werden nicht fehl gehen, wenn wir diese bewusste öftere Anwendung der Ausdrucksweise zurückführen auf Einwirkung der pantheistischen Anschauungen der stoischen Schule, der Arat je angehört hat*. Doch haben wir es nicht mehr mit einer rein philosophischen Identifikation zu thun, sondern die Bezeichnung des Himmels durch Ζεύς hat Geltung als Kunstmittel der Dichtersprache. Übrigens, dass die Entstehung dieser Metonymie nur teilweise philosophischer Spekulation verdankt wird, zeigen uns die früher besprochenen Fälle bei Alkman und Euripides. Dies zeigt uns auch ihr Vorkommen in einer Idylle des Theokrit.

Theokr. IV 43 χὠ Ζεὺς ἄλλοκα μὲν πέλει αἴθριος, ἄλλοκα δ' ὕει. Für den ersten Teil des Satzes ist Ζεύς rein meto-

---

* Als Allgott in stoischem Sinne ist Zeus auch in dem berühmten Eingang der Phänomena gefasst, ebenso im Hymnus des Kleanthes auf Zeus.

nymisch gefasst, für den zweiten Teil (ὕει) ist Ζεύς wieder persönlich zu verstehen, nach der alten Vorstellung, dass Zeus ὕει.

Archelaos epigr. 1 (XVI 120, andere schreiben das Epigramm dem Asklepiades zu) auf eine Alexanderstatue des Lysippos: αὐδασοῦντί γ' ἔοικεν ὁ χάλκεος ἐς Δία λεύσσων· | γᾶν ὑπ' ἐμοὶ τίθεμαι, Ζεῦ· σὺ δ' Ὄλυμπον ἔχε. Sagen will der Epigrammatiker, dass die Statue zum Himmel aufschaut; der Ausdruck ἐς Δία ist gewählt, um an die doppelte Bedeutung von Ζεύς die epigrammatische Wendung knüpfen zu können.

9. Εἰλείθυια.

An einer einzigen Stelle ist Εἰλείθυια für »Geburt, Niederkunft« nachweisbar (vgl. noch Eur. Jon 452, p. 81), bei Kallim. h. Jov. 11: ἔνθεν ὁ χῶρος | ἱερὸς οὐδέ τί οἱ κεχρημένον Εἰλειθυίης | ἑρπετὸν οὐδὲ γυνὴ ἐπιμίσγεται. Richtig erklären die Scholien χρῄζουσα τοῦ τεκεῖν.

10. Namen von Meergottheiten bezeichnen das Meer.

In der alexandrinischen Dichtung kommt es auf, das Meer metonymisch zu bezeichnen durch die Namen der Meergottheiten Nereus, Tethys, Tethis**. Haupt p. 74 mag Recht haben, wenn er aus dem Vorkommen von *Amphitrite* für das Meer bei Catull, in Oppians Halieutica und bei Dionysius Periegeta auf das Vorkommen dieser Ausdrucksweise bei den Alexandrinern zurückschliesst. Dasselbe wird sich von der bei den Römern beliebten Bezeichnung des Meeres durch *Doris* sagen lassen. Wie es mit dem Namen des Herrschers des Meeres steht, der metonymisch bei den Römern häufig, bei den Griechen in der Zeit bis Augustus nie nachweisbar ist, wollen wir offen lassen. Eine genauere Erforschung der Beziehungen der Römer zu den Alexandrinern in diesem Punkte wird gewiss einiges Licht in die interessante Frage bringen, inwieweit die Römer hierin von den Alexandrinern abhängig sind, und in welcher Weise sie folglich für die

---

* Hes. op. 147 μετοπώρινον ὀμβρήσαντος Ζηνός; Alcaeus 34 ὕει μὲν ὁ Ζεύς; Volkslied bei Bergk III p. 684 ὗσον ὗσον ὦ φίλε Ζεῦ.

** S. Schneider zu *Kallim. h. I 40*. Sauppe z. *h. Isid. v. 58* p. 11 (was mir leider nicht zugänglich war).

Rekonstruktion des alexandrinischen Sprachsatzes herangezogen werden können.

a. Nereus.

Kallim. h. Jov. 38 κεῖνο Νέδην ὀνόμηνε· τὸ μὲν τόθι πουλὺ κατ' αὐτὸ | Καυκώνων πτολίεθρον, ὃ Λέπρειον πεφάτισται, | συμφέρεται Νηρῆι, der erste Fall der Anwendung dieser Metonymie, wie Schneider bemerkt.

Apollonidas ep. 16 (IX 296) sagt von einem Taucher: Νηρῆος λαθρίοισιν ὑποπλώσας τενάγεσσιν.

b. Thetis.

Lykophr. 22 αἳ δὲ παρθενοκτόνον Θέτιν | ἰουλόπεζοι θεῖνον εὐῶπες σπάθαις | πελαργοχρῶτες, αἱ Φαλακραῖαι κόραι. παρθενοκτόνος ist Epitheton des Meeres, auf den Tod der Helle bezüglich.

c. Tethys.

Lykophr. 1068 ἔνθα Λαμπέτης | Ἱππωνίου πρηῶνος εἰς Τηθὺν κέρας | σκληρὸν νένευκεν.

Archias ep. 30 (VII 214) auf einen toten Delphin: οὐδὲ σύ γ' ἀφρηστὰ Νηρηῖδας, ὡς πρὶν, ἀείρων | νώτοις πορθμεύσεις Τηθύος εἰς πέρατα.

Parthenius fr. 7 p. 264 Mein. lautet bei Meineke — die Überlieferung ist ganz sinnlos — σὺν τῇ ἐγὼ Τηθύν γε καὶ Ὠγενίης Στυγὸς ὕδωρ, was richtig sein mag.

Lykophron geht bis zu den Grenzen des Möglichen, wenn er *v. 241* Kassandra prophezeihen lässt, Palämon (der auf Tenedos verehrt wurde), werde schauen ζέουσαν αἰθυίαισιν πλεκτανοστόλοις (von taugerüsteten Schiffen) γραῖαν ξύνευνον Ὠγένου Τιτανίδα (= Τηθύν = θάλασσαν).

Hier am besten wird von dem Gebrauch die Rede sein, von dem ein weiteres Beispiel in der voraugusteischen Litteratur sich nicht bestimmt aufzeigen lässt[*], dass die Gottheit mit dem Namen des unter ihrem Einfluss stehenden Gegenstands bezeichnet wird. Lykophron bezeichnet die Göttin Tethys durch Ἅλς: *144* nennt er die Moiren ἄμναμοι (Töchter) δηναιᾶς Ἁλός.

---

[*] Doch vgl. *Jon von Chios fr. 9* (oben p. 44 f.).

11. *Τιτάν. Τιτώ.*

Τιτὰν αἰθήρ hatten wir den Äther genannt gefunden *Empedokles 233.* Für die Sonne muss bei den Alexandrinern nicht selten *Τιτάν* gesagt worden sein: die Römer bedienen sich häufig dieses Ausdrucks (z. B. *Ov. met. I 10*). Bei den Griechen vor Augustus findet sich nur ein Beispiel, und zwar merkwürdigerweise in der *ἐξαγωγή* des Ezekielos bei *Euseb. pr. ev. IX 29,14* (p. 513 Dind.) *ἐπεὶ δὲ Τιτὰν ἥλιος δυσμαῖς προσῆν*; Zu *T.* ist noch *ἥλιος* hinzugesetzt. Ein seltsamer Kontrast gegen den Stoff der *ἐξαγωγή*; aber Ezekielos sucht eben den griechischen Tragikern es recht ähnlich zu machen.

Lykophron hat auch hier seine Eigenheit: er sagt *Τιτώ* für *ἡμέρα*; *941* heisst der noch nicht geborene Epeios *οὔπω τὸ Τιτοῦς λαμπρὸν αὐγάζων φάος. Kallimach. fr. 206* sagt *Τιτώ* für '*Ηώς*, die ja auch '*Ημέρα* heisst, und durch solchen Gebrauch (freilich nicht etwa durch die Stelle des Kallimachos, der jünger ist als Lykophron!) ist wohl Lykophron darauf gekommen, *Τιτώ* für den Begriff *ἡμέρα*, der in diesem Fall nichts mit Eos zu thun hat, zu setzen, wie man sonst sagt *ἡλίου φάος*. Der Gebrauch von *Τιτώ* für *Τιτάν* ist ein Seitenstück zu '*Εννώ* für das gebräuchlichere '*Εννάλιος* (oben p. 94).

12. *Δαίμων.*

In der alexandrinischen Poesie, deren Stoffe meist klein sind, hat *δαίμων* nicht mehr die Bedeutung, die es bei Pindar und besonders bei den Tragikern gehabt hatte. Indessen kommt es in der von den Tragikern herangebildeten metonymischen Bedeutung einigemal vor.

Persönlich mit Beimischung metonymischer Bedeutung ist es gebraucht:

Antip. Thess. 48 (VII 168) auf eine Frau, die an der Geburt von Drillingen starb: *εἷς ἄρα δαίμων | τῆς μὲν ἀπὸ ζωὴν εἵλετο, τοῖς δ' ἔπορε.*

Theokr. IV 72 καί σε μάλ' ἐκπάγλως ὀλοφύρομαι ἠδ' ἐλεαίρω, | οὕνεκεν ἡμετέροιο λυγροῦ μετὰ δαίμονος ἔσχες, | ὅσθ' ἡμῖν ἐφύπερθε κάρης βαρὺς αἰωρεῖται.

Leonid. 76 (VII 665) auf einen Schiffbrüchigen, der aber wenigstens in seiner Heimat begraben liege: *οὐ μὴν οἱ δαίμων πάντῃ κακός.*

Rein metonymisch gebraucht ist δαίμων:

Kallim. epigr. 16 δαίμονα τίς εὖ οἶδε τὸν αὔριον;

Antip. Thess. 37 (IX 421) Delos war im ersten mithradatischen Kriege mit anderen Inseln verwüstet worden: ἡ ποτὲ κλεινὴ | Δῆλος, ἐρημαίου δαίμονος ἀρξαμένη. (»Loos der Verlassenheit«.) Hier ist δ. ziemlich in seinem ursprünglichen Werte als ein vom Dämon verhängtes Schicksal gesunken. Es bedeutet hier einfach »Loos« ohne jede weitere Schattierung.

13. Μοῦσα.

Μοῦσα ist bei den Alexandrinern — hauptsächlich ist es ein Wort der Epigrammenpoesie — das konventionelle Wort für Musenkünste*. Das oben p. 83 Gesagte lässt sich auf die alexandrinische Zeit übertragen; wesentliche Veränderung hat μοῦσα gegenüber dem euripideischen Gebrauch in der alexandrinischen Periode nicht erfahren.

Bei den Bukolikern scheint βουκολικὰ μοῖσα ein stehender Ausdruck für ihre Kunst gewesen zu sein.

Theokr. I 20 καὶ τᾶς βουκολικᾶς ἐπὶ τὸ πλέον ἵκεο μοίσας.

[Mosch.] epit. Bionis 95 αὐτὰρ ἐγώ τοι | Αὐσονικᾶς ὀδύνας μέλπω μέλος, οὐ ξένος ᾠδᾶς, | βουκολικᾶς ἀλλ᾿, ἄντε διδάξαο σεῖο μαθητὰς | κλαρονόμος μώσας, τᾶς Δωρίδος· ἅ με γεραίρων | ἄλλοις μὲν τὸν ὄλβον, ἐμοὶ δ᾿ ἀπέλειπες ἀοιδάν.

Dichterische Thätigkeit, oder Gedichte werden durch μ. öfters bezeichnet:

Kallim. fr. 460 μουσέων δ᾿ οὐ μάλα φειδὸς ἐγώ.

Dioscor. ep. 24 (VII 31) nennt den Anakreon: τερπνότατε μούσαισι.

Meleag. 1 (IV 1), v. 23 will in seinen στέφανος einreihen: ἐν μούσαισιν ἄμεινον, | ὃς Διὸς ἐκ κούρων ἔσχεν ἐπωνυμίην und

v. 33 λείψανά τ᾿ εὐκαρπεῦντα μελιστάκτων ἀπὸ μουσῶν, | ξανθοὺς ἐκ καλάμης Βακχυλίδεω στάχυας, und

v. 55 τοῖς δ᾿ ἅμα μούσης | ἐκ σφετέρης ἔτι που πρώϊα λευκόϊα.

Musische Erziehung bedeutet es in dem Grabepigramm *A. P. XII 130 (Kallim. ep. inc. 5)* ἐς γὰρ ἄκρον μούσης τε καὶ ἥβης ἧκον ἐλάσσας.

Die vorwiegende Bedeutung Weise, Gesang, Lied haben wir an zahlreichen Stellen:

---

* Hesych μοῦσα· τέχνη.

Theokr. IX 31 bedeutet es Zitherspiel, Musik: τέττιξ μὲν τέττιγι φίλος, μύρμακι δὲ μύρμαξ, | ἴρηκες δ' ἴρηξιν, ἐμὶν δ' ἁ μοῖσα καὶ ᾡδά.

Diosc. ep. 29 (VII 707) lässt den Tragiker Sositheus von sich sagen: καὶ πάλιν εἰσώρμησα τὸν ἄρσενα Δωρίδι μούσῃ | ῥυθμόν.

id. 30 (VII 708) τοῦτο δ' ὁ πρέσβυς (der Komiker Machon) ἐρεῖ· Κέκροπος πόλι, καὶ παρὰ Νείλῳ | ἔστιν ὅτ' ἐν μούσαις δριμὺ πέφυκε θύμον.

Alex. Aetol. epigr. 3, p. 234 Mein. lässt Alkman sagen: καὶ μούσας ἐδάην Ἑλληνίδας*, αἵ με τύραννον | θῆκαν Δασκύλεω μείζονα καὶ Γύγεω. μοῦσα ist metonymisch gebraucht, geht aber dann mit dem Relativsatz zur persönlichen Bedeutung über, gerade wie *Eur. Herc. f. 685* (oben p. 84).

Alcae. Mess. 12 (XVI 226) ἔμπνει Πὰν λαροῖσιν ὀρειβάτα χείλεσι μοῦσαν.

Antip. Sid. 36 (IX 790) v. 4 τὰν δορὶ καὶ μούσαις αἰπυτάταν Ἔφεσον.

id. 77 (VII 75) Στασίχορον, ζαπληθὲς ἀμέτρητον στόμα μούσης.

Alpheios 5 (IX 97) Μαιονίδεω διὰ μοῦσαν.

Apollonidas 8 (IX 19) οὐ γὰρ τοῦ πλούτου μοῦσα χερειοτέρη.

Phaennos 2 (VII 197) Δαμοκρίτῳ μὲν ἐγώ λιγυρὰν ὅκα μοῦσαν ἐνίην | ἀκρίς, etc.

Meleag. 87 (V 139) ἁ γάρ μοι μορφά βάλλει πόθον, ἢ πάλι μοῦσα | ἢ χάριτες.

id. 111 (VII 196) (τέττιξ) ἀγρονόμον μέλπεις μοῦσαν ἐρημολάλος.

id. 123 (VII 428) nennt den Antipater von Sidon ἀνὴρ καί που περὶ Κύπριν | πρᾶτος κἠν μούσαις ποικίλος ὑμνοθέτας.

[*Theokr.*] *ep.* 22 Grabschrift auf Theokrit: μοῦσαν δ' ὀθνείην οὔτιν' ἐφελκυσάμην.

[*Simonid.*] *epigr. A. P.* VI 145 (= 181 Bgk.) Βωμοὺς τούσδε θεοῖς Σοφοκλῆς ἱδρύσατο πρῶτος, | ὃς πλεῖστον μούσης εἷλε κλέος λυρικῆς.

[*Simon.*] *A. P.* VII 25 (= ep. 184 Bgk.) Ἀνακρείοντα τὸν ἄφθιτον εἵνεκα μουσῶν ist μ. sowohl persönlich wie metonymisch zu verstehen.

---

* Dies ist die unzweifelhaft bessere Lesart des Plutarch *de exilio* p. 599 E; in der Anthologie steht Ἑλικωνίδας.

Götternamen, die sich mit der Bezeichnung des entsprechenden Objekts decken.

1. **Ortsgottheiten** (von Flüssen, Quellen, Städten, Inseln, Erdteilen).

a. **Flussgott — Fluss.**

In Kallimachos' Hymnos auf Delos ist eine besonders charakteristische Stelle *v. 70 ff.*, wo der Gegenstand des Gedichts eine Vermischung der Vorstellungen von der Örtlichkeit und der entsprechenden Gottheit an die Hand gab. Vor Leto, die nach einer Stätte suchte, wo sie die göttlichen Zwillinge gebären könne, flohen Arkadia, φεῦγεν δ' ὄρος ἱερὸν Αὔγης, | Παρθένιον· φεῦγεν δ' ὁ γέρων μετόπισθε Φενειός, | φεῦγε δὲ γῆ Πελοπηίς... | Δίρκη τε Στροφίη τε μελαμψήφιδος ἔχουσαι | Ἰσμηνοῦ χέρα πατρός· ὁ δ' εἴπετο πολλὸν ὄπισθεν | Ἀσωπὸς βαρύγουνος, ἐπεὶ πεπάλακτο κεραυνῷ· | ἡ δ' ὑποδινηθεῖσα χοροῦ ἀπεπαύσατο νύμφη | αὐτοχθὼν Μελίη καὶ ὑπόχλοον ἔσχε παρειήν, | ἥλικος ἀσθμαίνουσα περὶ δρυὸς ὡς ἴδε χαίτην σευομένην.

ibid. v. 121 τὴν δ' ἄρα καὶ Πηνειὸς ἀμείβετο δάκρυα λείβων· | Λητοῖ, ἀναγκαίη μεγάλη θεός· οὐ γὰρ ἔγωγε, | πότνια, σὰς ὠδῖνας ἀναίνομαι· οἶδα καὶ ἄλλας | λουσαμένας ἀπ' ἐμεῖο (hierin ist der Gott ganz mit seinem Flusswasser identifiziert) λεχωίδας.

Dann kehrt in der Rede die persönliche Auffassung des Gottes wieder, und *v. 133* schliesst sie ab: εἶπε καὶ ἠρώησε μέγαν ῥόον*.

Lykophr. 730 λούσει δὲ σῶμα βουκέρως νάσμοις Ἄρης (so nennt er den Fluss Okinaros wegen seiner Gewalt) | ὀρνιθόπαιδος ἴσμα φοιβάζων ποτοῖς.

Lykophr. 1407 Παλληνία τ' ἄρουρα, τὴν ὁ βουκέρως | Βρύχων λιπαίνει, γηγενῶν ὑπηρέτης.

Es ist beidemal offenbar der Fluss gemeint: er erhält aber das Epitheton des Gottes, βουκέρως.

---

* Man halte dagegen die ganz durchgeführte persönliche Auffassung des Peneios v. 109 ff.: νύμφαι Θεσσαλίδες, ποταμοῦ γένος, εἴπατε πατρὶ | κοιμῆσαι μέγα χεῦμα· περιπλέξασθε γενείων | λισσόμεναι τὰ Ζηνὸς ἐν ὕδατι τέκνα τεκέσθαι. | Πηνειὲ Φθιῶτα, τί νῦν ἀνέμοισιν ἐρίζεις; | ὦ πάτερ, οὐ μὴν ἵππον ἀέθλιον ἀμφιβέβηκας. | ἦ ῥά τοι ὧδ' αἰεὶ ταχινοὶ πόδες; ἢ ἐπ' ἐμεῖο | μοῦνον ἐλαφρίζουσι; πεποίησαι δὲ πέτεσθαι | σήμερον ἐξαπίνης;

Parthenius fr. 24 παρθένος, ἣ Κιλίκων εἶχεν ἀνακτορίην, | ἀρχίγαμος δ' ἔπελεν καθαρῷ τ' ἐπεμαίνετο Κύδνῳ ... | εἰσόκε μιν Κύπρις πηγὴν θέτο, μῖξε δ' ἔρωτι | Κύδνου καὶ νύμφης ὑδατόεντα γάμον.

b. Quellnymphe — Quelle.

Kallim. Pall. lav. 47 σάμερον αἱ δῶλαι τὰς καλπίδας ἢ 's Φυσάδειαν | ἢ ἐς Ἀμυμονίαν οἴσεται τὰν Δαναοῦ. Schol.: Φυσάδεια καὶ Ἀμυμώνη θυγατέρες Δαναοῦ, ὅθεν τὴν ὀνομασίαν ἔσχον αἱ κρῆναι.

c. Stadtnymphe — Stadt.

Kallim. h. Del. 100 ἀλλ' ὅτ' Ἀχαιϊάδες μιν ἀπηρνήσαντο πόληες | ἐρχομένην, Ἑλίκη τε Ποσειδάωνος | Βοῦρά τε etc. *Euphorion fr.* 47, πὰρ Ἀσώπου γενετείρῃ heisst: bei Nemea. Die Stadtgöttin ist die Tochter des Asopos*.

d. Nymphe von Delos.

In Kallimachos' Hymnus auf Delos, der in Form einer Anrede an Delos gehalten ist, fliessen oft die Vorstelluug von der Insel und von der Nymphe der Insel in Eins zusammen.

v. 34 redet der Dichter, nachdem er bisher von der Insel Delos gesprochen hat, diese so an: οὔνομα δ' ἦν σοι | Ἀστερίη τὸ παλαιόν, ἐπεὶ βαθὺν ἧλαο τάφρον | οὐρανόθεν φεύγουσα Διὸς γάμον ἀστέρι ἴση. | τόφρα μὲν οὔπω σοὶ χρυσέη ἐπεμίσγετο Λητώ, | τόφρα δ' ἔτ' Ἀστερίη σὺ καὶ οὐδέ πω ἔκλεο Δῆλος.

v. 197 apostrophiert er die schwimmende Insel: Ἀστερίη φιλόμολπε, σὺ δ' Εὐβοίηθε κατῄεις.

v. 260 schildert Kallimachos, wie nach der Geburt des Apollo auf der Insel Delos alles herrlich geworden sei: χρύσεά τοι τότε πάντα θεμείλια γείνατο, Δῆλε, | χρυσῷ δὲ τροχόεσσα πανήμερος ἔφρεε λίμνη, | χρύσειον δ' ἐκόμησε γενέθλιον ἔρνος ἐλαίης, | χρυσῷ δ' ἐπλήμμυρε βαθὺς Ἰνωπὸς ἑλιχθείς, | (nun geht die Rede auf die Insel über) αὐτὴ δὲ χρυσοίου ἀπ' οὔδεος εἵλεο παῖδα, | ἐν δ' ἔβαλες κόλποισιν, ἔπος δ' ἐφθέγξαο τοῖον.

---

* Meineke *an. al.* 86 sucht die Bedeutung »Tochter«, die γενέτειρα hier haben muss, zu belegen, aber nur durch Beispiele, wo γενέτης für »Sohn« gebraucht ist. Schlagender ist die Parallele von *Lykophr. 183.* wo προγεννήτειρα von den Einen als Urmutter, von den Andern aber als Stieftochter erklärt wird.

e. Asia und Europa.

Lykophr. 1283 τί γὰρ ταλαίνῃ μητρὶ τῇ Προμηθέως | ξυνὸν πέφυκε καὶ τροφῷ Σαρπηδόνος, | ἃς πόντος Ἕλλης καὶ πέτραι Συμπληγάδες | καὶ Σαλμυδησὸς καὶ κακόξενος κλυδὼν (das schwarze Meer)... εἴργει; Zur Erklärung seien die Scholien hier ausgeschrieben: μητρὶ Πρ.] τῇ 'Ασίᾳ· Ἰαπετοῦ γὰρ καὶ Ἀσίας Προμηθεύς. — τροφ. Σαρπ.] τῇ Εὐρώπῃ· ἐκ γὰρ Διὸς καὶ Εὐρώπης Σαρπηδών. Vgl. noch *1412 ff.*: οὐ μὴν ὑπείξει γ' 'ἠπιμηθέως τοκάς (Asia), | ἀλλ' ἀντὶ πάντων Περσέως ἕνα σπορᾶς | στελεῖ γίγαντα (den Xerxes).

2. Uranos.

Kallim. fr. 147: *Et. M. p. 49,48* ἄκμων σημαίνει ... καὶ τοῦ Οὐρανοῦ τὸν πατέρα· οὕτω γὰρ αὐτὸν γενεαλογοῦσι. Καλλίμαχος· τῷ περὶ δινήεντ' Ἀκμονίδην ἔβαλεν. Über die Deutung des Fragments ist Alles gesagt von Schneider. Wenn im Et. M. das Fragment richtig verstanden ist, so ist jedenfalls unter Ἀκμονίδης der Gott Uranos zu verstehen, nicht etwa der metonymisch so genannte Himmel. Mit δινήεις aber ist ein Epitheton hinzugefügt, das eigentlich dem Himmel zukommt, gerade wie Hesiod den Gott Οὐρανὸς ἀστερόεις nennt.*

3. Eos — Morgenröte.

Apollon. I 519 αὐτὰρ ὅτ' αἰγλήεσσα φαεινοῖς ὄμμασιν Ἠὼς | Πηλίου αἰπεινὰς ἴδεν ἄκριας etc.
Theokr. 24,38 ἦ οὐ νοέεις ὅτι νυκτὸς ἀωρί που οἱ δέ τε τοῖχοι | πάντες ἀριφραδέες καθαρῆς ἅπερ ἠριγενείας; ἠριγ. ist ein persönliches Epitheton; doch ist die Rede von der Morgenröte, die καθαρά genannt wird.

4. Selene — Mond.

Theokr. II 10 ἀλλὰ Σελάνα, | φαῖνε καλόν· τὶν γὰρ ποταείσομαι, ἄσυχε δαῖμον.

---

* Ganz persönlich ist Ἀκμονίδης im Anfangsvers der πτέρυγες Ἔρωτος des Simias *(A. P. XV 24;* Häberlin *carm. fig.* p. 69): Λεῦσσί με τὸν Γᾶς τε βαθυστέρνου τ' ἄνακτ' Ἀκμονίδην τ' ἄλλυδις ἐδράσαντα. Der Sinn ist: »Schau mich, Eros, den Herrscher der Erde und auch des Himmels«. Das letztere ist gewunden ausgedrückt, indem gesagt wird, Eros habe den Uranos, den Herrscher des Himmels, von seinem Platz verdrängt. Ἀκμονίδην ist also nicht τὸν οὐρανόν, sondern τὸν Οὐρανόν.

ibid. v. 79 στήθεα δὲ στίλβοντα πολὺ πλέον ἢ σύ, Σελάνα.

Philodem. ep. 7 (*V 123*) Νυκτερίνη, δικέρως, φιλοπάννυχε, φαῖνε, Σελήνη, | φαῖνε δι' εὐτρήτων βαλλομένη θυρίδων. | αὔγαζε χρυσέην Καλλίστιον· ἐς τὰ φιλεύντων | ἔργα κατοπτεύειν οὐ φθόνος ἀθανάτοις· | ὀλβίζεις σαυτήν τε καὶ ἡμέας, οἶδα, Σελήνη. | καὶ γὰρ σὴν ψυχὴν ἔφλεγεν Ἐνδυμίων.

Antip. Sid. 99 (*VII 241*) καὶ δ' αὐτὰ διὰ πένθος ἀμαυρωθεῖσα Σελήνη | ἄστρα καὶ οὐρανίας ἀτραπίτους ἔλιπεν.

Krinag. 38 (*VII 633*) Καὐτὴ δή ῥ' ἤχλυσεν ἀκρέσπερος ἀντέλλουσα | Μήνη, πένθος ἑὸν νυκτὶ καλυψαμένη.

5. Ἔρως.

Meleag. 12 (*XII 57*) *init.* Πραξιτέλης ὁ πάλαι ζωογλύφος ἁβρὸν Ἔρωτα | ἄψυχον, μορφᾶς κωφὸν ἔτευξε τύπον | πέτρῳ ἐνὶ τρυφερῷ· ὁ δὲ νῦν ἔμψυχα μαγεύων | τὸν τριπανοῦργον Ἔρωτ' ἔπλασεν ἐν κραδίᾳ. Wortspiel.

6. Ὕπνος — ὕπνος.

Meleag. 88 (*V 174*) Εὕδεις, Ζηνοφίλα, τρυφερὸν θάλος· εἴθ' ἐπὶ σοὶ νῦν | ἄπτερος εἰσήειν ὕπνος ἐπὶ βλεφάροις, | ὡς ἐπὶ σοὶ μηδ' οὗτος, ὁ καὶ Διὸς ὄμματα θέλγων, | φοιτήσῃ, κατάθω δ' αὐτὸς ἐγώ σε μόνος*.

7. Ἐλπίδες.

Diotim. 8 (*VII 240*) Ἐλπίδες ἀνθρώπων, ἐλαφραὶ θεαὶ... χαίρετε κουφόταται δαίμονες ἀθανάτων.

8. Γαληναίη.

Kallim. ep. 6,3 (ὅς) πελάγεσσιν ἐπίπλεον, εἰ μὲν ἄηται, | τείνας οἰκείων λαῖφος ἀπὸ προτόνων, | εἰ δὲ Γαληναίη, λιπαρὴ θεός, οὖλος ἐρέσσων. Ein sehr charakteristischer Fall. Der Bedingungssatz heisst vollständig: εἰ δὲ γαληναίη ἦν, dabei ist also γ. reiner Begriff. Dann aber wird daraus mit λιπ. θ. die Göttin, die auch sonst vorkommt (Schneider stellt die Belege zusammen).

9. Βία und Κράτος.

Kallim. h. Jov. 66 οὗ σε θεῶν ἐσσῆνα πάλοι θέσαν, ἔργα δὲ χειρῶν, | σή τε βίη καὶ κάρτος, ὃ καὶ πέλας εἷσαο δίφρου.

* Vgl. dagegen das Epigramm Cramer *anecd. oxon.* IV p. 386, 10 (Meineke *an. alex.* 396) Ὕπνε, τί μ' ἐξ ὕπνου φρενοθελγέος ἐξεβόησας;

σή τε βίη κ. κ. sind abstrakte Begriffe; mit dem Relativsatze werden sie zu körperlichen Gestalten. Vgl. *Al. Aet. ep. 3* oben p. 106.

10. **Ἀχελῷος (ὕδωρ).**

Hier mag auch *Kallim. epigr. 31* angeführt werden: ἔγχει καὶ πάλιν εἰπέ· »Διοκλέος«. οὐκ Ἀχελῷος (= ὕδωρ) | κείνου τῶν ἱερῶν αἰσθάνεται κυάθων. | καλὸς ὁ παῖς, Ἀχελῷε, λίην καλός· εἰ δέ τις οὐχὶ | φησίν, ἐπισταίμην μοῦνος ἐγὼ τὰ καλά.

11. Dass die Vorstellung von Menschen, die nach der Sage in Sterne, Tiere oder Pflanzen verwandelt worden sind, sich mit der Vorstellung dieser ihrer neuen Gestalt vermischt, ist nicht selten.

Bei Sternbildern besonders ist dies naheliegend, und beim Arat ist es daher recht häufig, dass den Sternbildern die Prädikate beigelegt werden, die ihren menschlichen Urbildern zukommen.

v. 248 ἀμφότεροι δὲ πόδες γαμβροῦ (des Bräutigams der Andromeda) ἐπισημαίνοιεν | Περσέος.

v. 652 δείλη Κασσιόπεια.

v. 703 μογεραὶ χεῖρες Ἀνδρομέδης.

v. 755 κύνα τε θρασὺν Ὠρίωνος.

Umgekehrt nennt Kallimachos *Pall. lav. 24* die Dioskuren τοὶ Λακεδαιμόνιοι ἀστέρες.

Auch die in eine Nachtigall verwandelte **Philomela** kehrt wieder *Mnasalk. ep. 9 (IX 70)*: Τραυλὰ μινυρομένα, Πανδιονὶ παρθένε, φωνᾷ, | Τηρέος οὐ θεμιτῶν ἀψαμένα λεχέων, | τίπτε παναμέριος γοάεις ἀνὰ δῶμα χελιδόν;

Und ihre Schwester **Prokne**, jetzt die Schwalbe, bei *Pamphilos ep. 1 (IX 57)* Τίπτε παναμέριος, Πανδιονὶ κάμμορε κούρα, | μυρομένα κελαδεῖς τραυλὰ διὰ στομάτων; | ἤτοι παρθενίας πόθος ἵκετο, τάν τοι ἀπηύρα | Θρηίκιος Τηρεὺς αἰνὰ βιησάμενος;

Harmonia, die in eine Schlange verwandelt ist: *Kallimach. fr. 104* ξανθῆς Ἁρμονίης ὄφιος.

Die Vorstellung der Hyacinthe geht dem Nikander *Ther. 901* in die von dem Knaben **Hyakinthos** über: ἢ καὶ πουλύγονον λασίων ὑπάμησον ἰάμνων | ψίλωθρον, καρπόν τε πολυθρήνου ὑακίνθου, | ὅν Φοῖβος θρήνησεν, ἐπεί ῥ᾽ ἀκούσιος ἔκτα | παῖδα βαλὼν προπάροιθεν Ἀμυκλαίου ποταμοῖο, | πρωθήβην Ὑάκιν-

θον, ἐπεὶ σόλος ἔμπεσε κόρσῃ | πέτρου ἀφαλλόμενος, νέατον δ᾽
ἤραξε κάλυμμα. Mit ὑακίνθου ist noch die Pflanze gemeint,
nicht etwa ist Ὑακίνθου zu schreiben; vgl. *512* καρπὸν μυρ-
τάδος; *844* τρεμίθοιο καρπόν. Auch das Epitheton πολύθρηνος
kommt dieser Pflanze in eigentlichem Sinne zu: vgl. z. B. *Ovid.
met. X 215*. Mit dem Relativsatz setzt, wie uns schon öfter
begegnet ist, die andere Vorstellung ein. Bemerkenswert
ist, dass Nikander es für nötig hält, durch Einschiebung der
Worte πρωθήβην Ὑάκινθον noch ausdrücklich darauf hinzu-
weisen, dass jetzt nicht mehr von der Hyacinthe, sondern
von dem Knaben Hyakinthos die Rede ist.*

11. **Hermes mit der ihn darstellenden Herme
konfundiert**. Nichts ist naheliegender und in den Epigrammen häufiger, als dass ein Bildwerk identifiziert wird mit
dem was es darstellen soll. Nur ein Beispiel soll hier stehen,
bei dem die Identifikation etwas deutlicher als sonst zum Ausdruck kommt: *Leonid. 35 (VI 334)* καὶ σὺ τετραγλωχὶν μη-
λοσσόε Μαιάδος Ἑρμῆ. Vgl. *Aristoteles Peplos fr. 5 ep. 57* Bergk.

12. Eine scherzhafte Bildung ist Μηριόνης für μηρός.
Antip. Sidon. 3 (XII 97) Εὐπάλαμος ξανθὸν μὲν ἐρεύθεται, ἴσον
Ἔρωτι | μεσφ᾽ ἐπὶ τὸν Κρητῶν ποιμένα Μηριόνην. Scherz-
haft wird dem für μηρός gebrauchten Namen noch das Epitheton des mythischen Trägers dieses Namens beigefügt.

---

* *Nikander Alex. 198* πολλάκι δ᾽ ἢ οἴνης ἀμιγῆ πόσιν, ἢ ἀπὸ δάφνης, |
Τεμπίδος ἢ δαυχνοῖο φέροις ἐκ καύλεα κόψας, | ἢ πρώτη Φοίβοιο κατέστεφε
Δελφίδα χαίτην... Bentley schreibt *δάφνης Τεμπίδος ἠϋκόμοιο*,
eine scharfsinnige und geschmackvolle Konjektur. In der That scheinen
die alten Erklärer keinen zweiten Pflanzennamen unmittelbar hinter
δάφνη gelesen zu haben, denn sie bemerken mit Bezug auf die Ver-
wandlung der Daphne in einen Lorbeerbaum: Ἀπόλλων ἰδὼν αὐτὴν μετα-
βληθεῖσαν εἰς τὸ φυτὸν, ἐξ αὐτοῦ τοῦ φυτοῦ ἐστέψατο. Nun ist aber
zweitens *δαυχνός* nur eine thessalische Form für *δάφνη*; vgl. ἀρχιδαυχνο-
φορείσας Böckh *C. I. G. n. 1766* (= Collitz Dialektinschr. I n. 372 S. 143);
Hehn, Kulturpfl. und Haustiere ᵇ484; und es käme dann eine uner-
trägliche Tautologie heraus. Nach der Bentleyschen Herstellung wäre
dann ἠϋκόμοιο Epitheton der Daphne, das auf die Pflanze hier übertragen ist. Vielleicht aber haben wir in den merkwürdigen Versen
lediglich unzeitige Gelehrsamkeit des Nikander zu erblicken, der bei
dieser Gelegenheit den echt thessalischen Namen des Lorbeers an-
bringen wollte.

Ein kurzer Rückblick auf die durchmessene Strecke mag noch am Platze sein.

Gleich an der Schwelle der griechischen Dichtung, bei Homer, tritt uns der metonymische Gebrauch von Götternamen stark ausgebildet entgegen; weitaus am stärksten beim Namen des Kriegsgottes, Ἄρης oder Ἐννάλιος, den wir besonders in der Ilias, dem Stoff des Epos entsprechend, sehr häufig vorfinden. Bei einigen Formeln lässt sich sogar deutlich erkennen, wie wenig dabei an die persönliche Bedeutung des Namens mehr gedacht ist. Je einmal ist Feuer mit Ἡφαιστος, Liebesgenuss mit Ἀφροδίτη ausgedrückt. In einer Zeit, die durchaus noch vom Geiste der homerischen Poesie beherrscht ist, treten zwei weitere, später sehr wichtige Metonymieen zum ersten Male auf, μοῦσα als Lied in der zweiten Nekyia der Odyssee, und Ἀΐδης für die Unterwelt im Hermeshymnus. Bei Homer hatte dieser Name (von einem zweifelhaften Falle abgesehen) durchweg bloss den Gott bezeichnet.

Der nüchterne Hesiod scheint von diesem Schmuck der Rede sich ferngehalten zu haben.

Die Reste der grossen Lyriker (um von den Epikern zwischen Homer und Apollonius Rhodius ganz zu schweigen) sind leider zu dürftig, als dass wir ein klares Bild von ihrer Stellung in der Entwicklungsgeschichte unseres Tropus gewinnen könnten. Doch lernen wir interessante Einzelheiten kennen. Der Name Ἄρης, der bei Homer bloss Krieg, Kampf bedeutet, wird nun auch auf verwandte Begriffe übertragen und wird gleich »Kriegsglück, Waffen« gesetzt, Bedeutungen, die später nicht mehr viel vorkommen. Ἀΐδης für die Unterwelt befestigt sich, ebenso bürgert sich μοῦσα als Lied, besonders in der melischen Lyrik, ein. Die sympotische Elegie gegen Ende des 5. Jahrhunderts erweitert den Kreis um zwei neue Namen: sie setzt Βάκχος (Βρόμιος u. a.) für Wein und als Seitenstück dazu Νύμφαι für Quell-, Trinkwasser.

Den Sprachgebrauch der Chorlyrik vertritt uns Pindar. Mit Vorliebe verwendet er μοῖσα und Ἄρης. Zu den bisherigen Bedeutungen von Ἄρης tritt eine neue hinzu: etwa gleichzeitig mit Aeschylus braucht Pindar diesen Namen zum ersten Male für »Mord«. Die metonymische Gebrauchsweise von 'Ἀίδης sehen wir mit einem Schlage reich entwickelt (schwerlich durch Pindar selbst, sondern eher durch nicht mehr erhaltene Vorgänger): neben der Unterwelt wird damit der Tod, was bald geläufig wird, bezeichnet; ja einmal sagt Pindar kühn genug 'Ἀίδης für Grabmal. Endlich können wir bei ihm anschaulich beobachten, wie δαίμων ganz allmählich der Bedeutung des von den Göttern verhängten Geschicks angenähert wird. Dieser Gebrauch wird dann ausgebildet von der tragischen Poesie, deren Ideenkreis eben der Begriff des Schicksals besonders angemessen ist: Sophokles macht zuerst von δαίμων als Geschick einen reichlicheren Gebrauch. Eine ähnliche Entwicklung nimmt bei den Tragikern das Wort Ἐρινύς, nur dass bei diesem die persönliche Bedeutung vorwiegend erhalten bleibt. Sophokles ist der erste, der Ἐρινύς geradezu für Fluch selbst setzt. Bei den Alexandrinern — das sei gleich jetzt gesagt — treten beide Namen erheblich zurück; sie passen nicht mehr zu den Stoffen dieser Poesie. Die erste Stelle unter den metonymisch gebrauchten Götternamen nimmt auch bei den Tragikern Ἄρης ein, ein Lieblingswort besonders des Aeschylus, dessen Eigentümlichkeit es ist, Ἄρης mit Vorliebe für Mord zu gebrauchen. Aeschylus giebt weiterhin dem Namen den Sinn »Heeresmacht«, eine Bedeutung, die dann, soweit wir wissen, Sophokles nie, Euripides dagegen mit unverkennbarer Vorliebe braucht. Am häufigsten ist natürlich der von jeher gewöhnliche metonymische Gebrauch für Krieg, daneben für Kampfmut, Kraft. Sehr gleichen sich untereinander in ihrer Entwicklung bei den Tragikern die drei Götternamen Κύπρις, Ἅιδης, μοῦσα. Κύπρις — dieser Name nämlich drängt Ἀφροδίτη erheblich zurück, bei persönlicher wie bei übertragener Bedeutung — ist zwar bei Aeschylus wie bei Sophokles häufig, wird aber bei Euripides ein geläufiger, um nicht zu sagen der reguläre Ausdruck für Geschlechtsliebe und verwandte Begriffe; ja sogar Euripides sagt Ἀφροδίτη metaphorisch für »Begierde« und »Reiz« auch ohne erotischen Sinn. μοῦσα begegnet bei Aeschylus und Sophokles ganz selten, bei Euripides ausnehmend oft. Die Anwendung von Ἅιδης, bald für die Unterwelt, bald für den

Tod, nimmt von Aeschylus über Sophokles zu Euripides stetig zu. Natürlich geht mit dieser quantitativen Steigerung des Gebrauchs eine zunehmende poetische Entwertung dieser Ausdrücke Hand in Hand, so dass man sich oft kaum bewusst wird, dass Κύπρις, Ἀίδης, μοῦσα eigentlich Eigennamen sind. Auf der Stufe der Entwicklung, die uns Euripides darstellt, sind die meisten der bisher metonymisch gebrauchten Namen in der alexandrinischen Zeit stehen geblieben. So Ἄρης, Κύπρις, Ἀίδης, Ἥφαιστος, μοῦσα. Dass δαίμων und Ἐρινύς zurücktritt, ist schon berührt. Βάκχος ist natürlich in der leichten Liebes- und Weinpoesie der Epigrammatiker der Anthologie stehender Ausdruck. Auch Νύμφαι tritt häufiger auf, ganz besonders in den Rezeptengedichten Nikanders. Ζεύς ist ein Lieblingsausdruck des Arat für den Himmel; Ansätze zu solchem appellativen Sinn des Namens hatten sich schon bei Euripides, ja bei Alkman gefunden. Ganz neue Schöpfungen der hellenistischen Zeit dagegen sind Ἐννώ für den Krieg, Τιτώ für den Tag (weibliche Seitenstücke zu Ἐννάλιος und Τιτάν) und der Gebrauch von Namen wie Νηρεύς, Θέτις, Τηθύς zur Bezeichnung des Meeres.

Die Namen Ἥφαιστος und besonders Δημήτηρ, die beide sehr früh auftreten, sind, besonders im Vergleich zur *Ceres* und dem *Vulcanus* der Römer, von Homer bis auf die Alexandriner überraschend selten gebraucht.

Überall konnten wir beobachten, wie das Beispiel Homers bis in die späteste Zeit lebendig fortwirkt.

Die beigegebene Tabelle wird hoffentlich nicht unnützlich sein. Die in Klammern beigefügten Zahlen sind die der Fälle, wo die Bedeutung nicht ganz sicher ist oder wo ein Schwanken zwischen persönlichem und metonymischen Gebrauch eines Namens stattfindet. Die Zahlen sind natürlich mit Vorsicht zu benützen und man muss sich immer gegenwärtig halten, dass die Reste der einzelnen Dichter von sehr ungleicher Grösse sind. Dass Mancher die eine oder andere mitgezählte Stelle weggelassen oder eine weggelassene mitgezählt wünschen wird, liegt in der Natur der Sache.

TABELLARISCHE ÜBERSICHT.

	Ἄρης	Ἥφαιστος	Ἀφροδίτη Κύπρις	Μοῦσα	Ἀΐδης	Ἐρινύς	Δημητήρ	δαίμων	Βάκχος	Νύμφαι	Ζεύς	Εἰλείθυια	Τιτάν	Τιτώ	Ἐννώ	Θέτις	Τηθύς	Νηρεύς
Homer	148*	1	1	1	(1?)	(1)												
Hom. Hymnen	1																	
Übrige Epiker	1		2	1														
Hesiod	1																	
Empedokles			4															
Orakel	1						1											
Lyrik auss. Pindar	12	1	1	9	3			1(1)	1(2?)	1	(1)							
Pindar	8	2?	2	6(4)	5(1)			1?(6)										
Aeschylus	18(9)	(1)	4	3			1	7(7)			Z.ἐρχ.1		1					
Sophokles	8(6)	2	1(1)	8(6)	2(1)			1?(6)	3(5)	6(1)	(1)							
Euripides	21(4)	1	24(13)	21(4)	22(5)	(2)		11(7)			(1)							
Tragg. minores	(2)		5	1	4													
Alexandriner	26	3	12(2)	24	70	+	(1)	2(3)	8(9)	6(1)	6(1)	1	1	1	1	1	4	2

* Öfters vorkommende Formeln sind dabei nur einmal gezählt; zählt man jede Stelle einzeln, so ergiebt sich die Zahl 23 (11).

REGISTER.

Ἀΐδης. Ἅιδης. 18. ff. 39 f. 47 f. 59 f. 65 f. 76 ff. 88. 95 ff.
Ἅλς 8. 103.
Ἀμφιτρίτη 22 f.
Ἀπόλλων 9.
Ἄρης. Ἐννάλιος. 11 ff. 32. 36. 37 ff. 45 ff. 55 ff. 62 ff. 70 ff. 88. 90 ff.
Ἄρτεμις 9.
Ἀσκληπιός 10.
Ἀφροδίτη. Κύπρις. 18. 35. 39. 47. 58 f. 64. 72 ff. 88 f. 91. 94 f. Παφίη 91·
Βάκχος. Βάκχιος. Βρόμιος. Διόνυσος. Λύαιος. 40 ff. 79 f. 91. 98 ff.
δαίμων 21 f. 49 f. 60 f. 66 f. 81 ff. 104 f.
Deucalion 80.
Δημήτηρ 20. 37. 98.
Εἰλείθυια 22. 81.
Ἐννάλιος s. Ἄρης.
Ἐννώ 10. 94.
Ἐρινύς 20 f. 32. 67 ff. 83.
Ἑρμῆς 9. 112.

Ζεύς 10. 22. 43. 81. 100 ff. Ζεὺς ἑρκεῖος 64.
Ἥρα 9.
Ἥφαιστος 17 f. 35. 39. 58. 64. 81. 94.
Θέτις 10. 103.
Ἶρις 10.
Κύπρις s. Ἀφροδίτη.
Μάρων 80.
Μηριόνης 80. 112.
Μοῦσα 21. 36. 42 f. 50 f. 61. 69. 83 ff. 88. 91. 105 f.
Νηρεύς 10. 103.
Νύμφαι 10. 42. 100.
Οἶνος 8. 44. 89.
Παλλάς 9 f.
Παφίη s. Ἀφροδίτη.
Πηλεύς 10. 80.
Τηθύς 103.
Τιτάν 36. 91. 104.
Τιτώ 10. 104.
Ὑπερίων 27.
Φαέθων 10. 80.

Ἀγγελία 52.
Αἰδώς 53.
Ἀκμονίδης s. Οὐρανός.
Ἀρετή 44.
Ἁρμονία 87. Die Gattin des Kadmos 111.
Ἀχελῷος 111.
βία 89. βία καὶ κάρτος 110.
Γαληναίη 110.
Γῆ. Γαῖα 33. 43. 53. 69. 86 f.
δαίς 70.
Δίκη 37. 52.

Ἐλπίς 44. 110.
Ἔρις 30.
Ἔρως 110.
Ἥβη 53.
Ἥλιος. Ἤλιος 27 f 34. 61. 69. 87.
Ἡμέρα 61. 69.
Ἠώς 28 f. 52. 109.
Κόρος 37.
Κράτος s. βία.
λιμός 44.
λοιμός 79.
λύπη 88.

Μήνα s. Σελήνη.
Νύξ 30. 34.
Οἶνος 44 f.
Ὄνειρος 30.
Οὐρανός 29. 33. 52. 109 Ἀκμονίδης.
πενία 88.
πλοῦτος 88.
Σελήνη. Μήνα 52. 87. 109.
τυραννίς 88.
Ὑγίεια 44.
Ὕπνος 30. 53. 69. 110.
Χάριτες 51 f. 87.
Χρόνος 70.

Φθόνος 89.
Φιλοτιμία 88.
Φρόνησις 70.
Φήμη 34.
Ὠκεανός 24 ff. 34. 62. 86.
Asia und Europa 109.
Flussgötter 24 ff. 31. 32. 34. 86. 107 f.
Menschen, in Gestirne verwandelte
   34. 43. 111. in Tiere verwandelte 30 f. 34. 111 f.
Quellnymphe 108.
Stadtgöttin 31. 53 ff. 108.
Winde 26 f.

DRUCKFEHLER.

S. 9 Zeile 18 v. u. statt Heraklitenes lies Herakliteers.
» 13 » 14 v. o. » zugegeben lies zuzugeben.
» 15 » 2 v. u. » Formenwesen lies Formelwesen.
» 24 » 2 » » » bei dem Folgenden lies bei den Folgenden.
» 28 » 3 » » » des der lies das der.
» 67 » 17 » » » σόντοι lies σόν τοι.
» 68 » 10 » » » οὔτετι lies οὔτε τι.
» 72 » 19 » » » ῎n. lies ῎Α.
» 79 » 2 » » lies J. T. 486.
» 84 » 12 v. o. » νεανίας γὰρ ὅστις.

VITA SCRIPTORIS.

Natus sum Sigismundus Reichenberger Kal. Novembr. a. h. s. LXVIII in vico quem vocant Joehlingen haud ita procul ab urbe Karlsruhe sito, patre Abrahamo, quem praematura morte absumptum lugeo, matre Rosalia e gente Heidingsfeld, qua superstite gaudeo. Fidei addictus sum Judaeorum. Postquam anno LXXV parentes Karlsruham transmigrarunt, elementis litterarum imbutus biennio post in gymnasium, quod in illa urbe Wendtio moderante adhuc floret, receptus sum. Autumno anni LXXXVI testimonium maturitatis adeptus Heidelbergam me contuli antiquarum litterarum praecipue studiis operam daturus. Ibi per annum moratus, insequenti anno universitatem Monacensem frequentavi, deinde Heidelbergam redux per quinquies sex menses studia mea persecutus sum. Scholis interfui quas habuerunt viri docti Braune, de Domaszewski, de Duhn, Fischer, de Oechelhaeuser, Osthoff, Rohde, F. Schoell, Uhlig Heidelbergenses, Brunn, Carrière, Christ, R. Schoell, Woelfflin Monacenses. Seminarii philologici Monacensis per bis sex menses, Heidelbergensis per alteros bis sex menses sodalis fui ordinarius. Exercitationibus seminarii germanici Heidelbergensis, quas moderari solet Braune, per sex menses interfui. Praeterea exercitationibus suis benigne me admiserunt Brandt philologicis, Brunn et de Duhn archaeologicis, de Domaszewski historicis, Rohde metricis, Uhlig grammaticis metricis paedagogicis, Zangemeister epigraphicis. Gratissimo animo commemoro vere anni LXXXIX cum complures philologi Badenses Duhnio duce Italiam peragrarent, mihi quoque licuisse eorum in numero esse. Praeceptoribus meis, inprimis Duhnio et Rohdio, gratias ago quam maximas.

www.ingramcontent.com/pod-product-compliance
Lightning Source LLC
Chambersburg PA
CBHW020115170426
43199CB00009B/538